William Shakespeare, Christoph Martin   Wieland

Maaß für Maaß Wie einer mißt, so wird ihm wieder gemessen

Translation of Measure for Measure

William Shakespeare, Christoph Martin   Wieland

Maaß für Maaß Wie einer mißt, so wird ihm wieder gemessen
Translation of Measure for Measure

ISBN/EAN: 9783337352196

Hergestellt in Europa, USA, Kanada, Australien, Japan

Cover: Foto ©Suzi / pixelio.de

Weitere Bücher finden Sie auf **www.hansebooks.com**

Maaß für Maaß, oder: Wie einer mißt, so wird ihm wieder gemessen.

William Shakespeare

Ein Lustspiel.

Übersetzt von Christoph Martin Wieland

Personen des Lustspiels.

Vincentio, Herzog zu Wien.

Angelo, Stadthalter in Abwesenheit des Herzogs.
Escalus, ein alter Herr von Stande, dem Angelo in
Verwaltung der
Regierung beygefügt.
Claudio, ein junger Edelmann.
Lucio, ein Libertiner.
Zwey Edelleute.
Varrius, einer von den Hofleuten des Herzogs.
Thomas und Peter, zwey Franciscaner-Mönche.
Ein Richter.
Kerkermeister.
Ellbogen, ein Policey-Aufseher in einem Quartier der Stadt.
Schaum, ein närrischer Junker.
Harlequin, Diener der Frau Overdone.
Abhorson, ein Nachrichter.
Bernardin, ein ruchloser Gefangner.
Isabella, Claudios Schwester.
Mariane, mit Angelo versprochen.
Juliette, Claudios Liebste.
Francisca, eine Nonne.
Frau Overdone, eine Kupplerin.
Wache, Stadtbediente, und andre aufwartende Personen.

Der Schauplaz ist in Wien.

Die Geschichte ist aus Cinthios* Novellen genommen.

{ed.-* "Epitia" von Giambattista Giraldi, gen. Cintio (Cinzio),
1504—1573.}

Erster Aufzug.

Erste Scene.

3

(Des Herzogs Palast.)
(Der Herzog, Escalus, und einige Herren vom Hofe.)

Herzog.
Escalus—

Escalus.
Gnädigster Herr—

Herzog. Es würde eine unzeitige Sucht zu reden an mir
scheinen, wenn ich euch die Eigenschaften einer klugen
Regierungsart entfalten wollte, da mir bekannt ist, daß eure
Wissenschaft hierinn alle Erinnerungen, die ich euch geben
könnte, überflüssig macht; es bleibt mir also nichts übrig,
als euch die Gelegenheit zu geben, diese Geschiklichkeit im
Werke zu zeigen. Fleiß und Erfahrung hat euch den
Character unsers Volkes, die Geseze unsrer Stadt, und die
allgemeinen Regeln der Gerechtigkeit so bekannt gemacht,
daß wir niemand kennen, der euch hierinn übertreffe. Hier
ist unser Auftrag, welchem wir pünctlich nachgelebt wissen
wollen—Man rufe den Angelo hieher—Wie meynt ihr, daß
er unsre Stelle vertreten werde? Denn ihr müßt wissen, daß
wir ihn mit besonderer Vollmacht ersehen haben, unsre
Abwesenheit zu ersezen; ihm haben wir unsre volle Macht
zu strafen und gutes zu thun geliehen; sagt, was denkt ihr
hiezu?

Escalus.
Wenn jemand in Wien eines solchen Vertrauens, und einer
so hohen
Ehre würdig ist, so ist es Angelo.

Zweyte Scene.
(Angelo zu den Vorigen.)

4

Angelo.
Ich komme, Euer Durchlaucht Befehle zu vernehmen.

Herzog. Angelo, dein Leben entdekt dem aufmerksamen
Beobachter die ganze Gestalt deines Characters. Die
Ausübung jeder Tugend ist durch eine lange Uebung deine
Natur geworden. Wir zünden keine Fakeln an, damit sie
sich selbst leuchten; so macht es der Himmel mit uns;
wofern unsre Tugenden nicht ausser uns würken, so wäre
es gleich viel, wenn wir sie gar nicht hätten. Geister werden
nur zu grossen Endzweken vollkommner von der Natur
ausgebildet, und diese sparsame Göttin leyht nicht das
kleinste Quintchen von ihrer Vortreflichkeit, ohne die
Absicht, Dank und Interesse davon zu ziehen. Doch ich
rede dieses zu einem, der mich selbst in dem Amt, das ich
ihm auftrage, unterrichten könnte. Sey also in unsrer
Abwesenheit der Vertreter unsres völligen Selbst in dieser
Stadt; Leben und Tod, Angelo, hange von deinen Lippen ab;
der alte Escalus, ob gleich der erste deiner Räthe, ist nur der
zweyte nach dir. Hier ist deine Commißion.

Angelo. Nein, mein gnädigster Herr; laßt mein Metall
vorher auf irgend eine schärfere Probe gesezt werden, eh
eine so edle und grosse Figur darauf gestempelt wird.

Herzog. Kommt, keine Ausflüchte mehr; wir haben euch
mit wohlbedachter Wahl hiezu ersehen; übernehmt also
unsre Stelle. Unsre Abreise von hier wird so schleunig seyn,
daß wir Sachen von Wichtigkeit unentschieden zurüklassen
müssen. Wir werden euch, so viel Zeit und Umstände
zulassen, von unserm Befinden Nachricht geben, und uns
erkundigen, wie es hier stehe. Lebet also wohl; ich überlasse
euch der hoffnungsvollen Ausführung unsrer Aufträge.

Angelo.
Erlaubet wenigstens, gnädigster Herr, daß wir euch einige

Umstände—

Herzog. Wir können keinen Augenblik länger verziehen.
Auch habt ihr, bey meiner Ehre, nicht nöthig euch das
mindeste Bedenken zu machen. Euer Werk ist, wie das
unsrige, die Geseze so einzurichten und in Würksamkeit zu
sezen, wie ihr es am besten achtet. Gebt mir eure Hand, ich
werde in geheim abreisen. Ich liebe das Volk, aber ich seze
mich ihm nicht gern zur Schau aus; ob es gleich wohl thut,
so bin ich doch kein Liebhaber ihres lauten Zujauchzens,
und habe keine grosse Meynung von der Bescheidenheit
derjenigen, die dergleichen Dinge lieben. Noch einmal, lebet
wohl.

Angelo.
Der Himmel befördere euer Vorhaben.

Escalus.
Und bringe euch glüklich zurük.

Herzog.
Ich danke euch, lebet wohl.

(Er geht ab.)

Escalus. Ich muß euch, mein Herr, um Erlaubniß bitten,
eine freye Unterredung mit euch zu haben. Es ist mir daran
gelegen, mein Amt recht zu kennen. Ich habe eine Gewalt;
aber ich bin nicht belehrt, wie weit sie sich erstrekt.

Angelo. Es geht mir eben so; wir wollen uns mit einander
hinwegbegeben, und durch Vergleichung unsrer
Instructionen uns ins Klare sezen.

Escalus.
Ich werde Euer Gnaden folgen.

(Sie gehen ab.)

Dritte Scene.
(Eine Straasse.)
(Lucio und zween Edelleute.)

Lucio.
Wenn der Herzog, und die übrigen Herzoge sich mit dem König von
Ungarn nicht vergleichen können, so werden sich alle Herzoge wider
den König vereinigen.

1. Edelmann. Der Himmel geb uns seinen Frieden, aber nicht des Königs in Ungarn seinen.

2. Edelmann. Amen!

Lucio.
Du betest wie jener andächtiger Seeräuber, der mit den zehen
Gebotten zu Schiffe stieg, aber eines aus der andern Tafel auskrazte.

2. Edelmann. Du sollt nicht stehlen —

Lucio.
Eben das.

1. Edelmann. Hatte er nicht Ursache? Das ist ein Gebott, das seine Leute von ihrer Schuldigkeit abgehalten hätte; denn sie schiften sich ein, um zu stehlen. Es ist nicht einer unter uns Soldaten, dem in dem Gebet vor dem Essen, die Bitte für den Frieden gefiele.

2. Edelmann. Ich habe doch nie keinen Soldaten gehört, der sie mißbilligt hätte.

Lucio. Das glaub ich dir; du bist vermuthlich nie dabey gewesen, wenn man das Tischgebet gesprochen hat.

2. Edelmann. Nie? wenigstens ein duzendmal.

1. Edelmann. Wie? In Reimen?

Lucio.
In allen Reim-Arten und in allen Sprachen.

1. Edelmann. Und auch in allen Religionen denk' ich.

Lucio.
Warum das nicht?—Aber seht, seht, hier kommt Madam Gutherzigkeit.

1. Edelmann. Wahrhaftig, die Krankheiten, die ich unter ihrem Dach aufgelesen habe, kommen mich—

2. Edelmann. Wie hoch, wenn ich bitten darf?

1. Edelmann. Rathet?

2. Edelmann. Dreytausend Thaler jährlich?

1. Edelmann. Ja, und mehr.

Lucio.
Eine französische Crone mehr.

Vierte Scene.
(Die Kupplerin, die Vorigen.)

1. Edelmann. Wie gehts, Mutter, auf welcher Seite habt ihr das Hüftweh am nachdrüklichsten?

Kupplerin. Gut, gut, dort wird einer ins Gefängniß geführt, der fünftausend wie ihr seyd werth ist.

1. Edelmann. Wer ist das, ich bitte dich?

Kupplerin.
Zum Henker, Junker, es ist Claudio; Signor Claudio.

1. Edelmann. Claudio ins Gefängniß? das kan nicht seyn.

Kupplerin. Ich weiß aber daß es ist; ich sah, wie er angehalten wurde; ich sah ihn wegführen, und was noch mehr ist, in den nächsten drey Tagen wird ihm der Kopf abgeschlagen werden.

Lucio.
Das stünde mir gar nicht an; bist du dessen gewiß?

Kupplerin.
Nur allzugewiß; und das alles, weil er der Fräulein Juliette ein
Kind gemacht hat.

Lucio. Glaubt mir, es kan seyn; er versprach mir, vor zwey Stunden mich hier anzutreffen, und er war immer genau sein Wort zu halten.

1. Edelmann. Und überdas stimmt dieser Bericht mit dem öffentlichen Ausruf ein.

Lucio.
Kommt, wir wollen sehen, was an der Sache ist.

Fünfte Scene.
(Die Kupplerin, Harlequin.)

Kupplerin.
Was bringst du neues?

Harlequin.
Seht ihr nicht den Mann dort, den man ins Gefängniß
führt?

Kupplerin.
Was hat er denn gemacht?

Harlequin.
Eine Frau.

Kupplerin.
Ich frage, was ist sein Verbrechen?

Harlequin.
Daß er in einem fremden Bache Dreuschen gefangen hat.

Kupplerin.
Wie? geht ein Mädchen mit einem Kind von ihm?

Harlequin.
Nein, aber ein Weib geht mit einem Mädchen von ihm. Ihr
habt den
Ausruf nicht gehört, habt ihr?

Kupplerin.
Was für einen Ausruf, Mann?

Harlequin.
Alle Häuser in den Vorstädten von Wien sollen
niedergerissen werden.

Kupplerin.
Und was soll aus denen in der Stadt werden?

Harlequin. Die läßt man zum Saamen stehen; sie hätten auch weg sollen, aber einige weise Bürger haben sich für sie ins Mittel geschlagen.

Kupplerin.
So sollen also alle unsre Schenk- und Spiel-Häuser in den Vorstädten niedergerissen werden?

Harlequin.
Bis auf den Grund, Madam.

Kupplerin. Wahrhaftig, es geht eine grosse Veränderung im gemeinen Wesen vor; was wird aus mir werden?

Harlequin. O, dafür macht euch keine Sorgen: gute Rathgeber haben nie Mangel an Clienten; wenn ihr schon euern Plaz ändert, so braucht ihr deßwegen nicht euer Gewerbe zu ändern; ich will immer euer treuer Diener bleiben. Habt nur gut Herz, man wird Mitleiden mit euch haben; ihr, die ihr eure Augen im Dienst des gemeinen Wesens beynahe aufgebraucht habt, ihr werdet in Betrachtung gezogen werden.

Kupplerin.
Was giebts hier, Thomas, wir wollen uns zurük ziehen.

(Sie gehen ab.)

Sechste Scene.
(Der Kerkermeister, Claudio, Juliette, und Stadtbediente.)
(Lucio, und zwey Edelleute.)

Claudio. Guter Freund, warum führst du mich so zur Schau herum? führe mich in das Gefängniß, wohin ich verurtheilet bin.

Kerkermeister. Ich thu es nicht aus bösem Willen, sondern auf ausdrüklichen Befehl des Herrn Stadthalters.

Claudio. So kan der Halbgott, Authorität, uns das volle Gewicht unsrer Uebertretungen bezahlen machen. So sind die Urtheile des Himmels; wem er verzeihen will, dem will er; wem er nicht will, will er nicht, und ist doch immer gerecht.

Lucio.
Wie, was ist dieses, Claudio? Warum befindet ihr euch in solchen
Umständen? Was ist euer Verbrechen?

Claudio.
Nur davon zu reden, würde ein neues Verbrechen seyn.

Lucio.
Wie, ist es eine Mordthat?

Claudio.
Nein.

Lucio.
Unzucht?

Claudio.
Wenn ihr es so nennen wollt.

Kerkermeister.
Fort, mein Herr, ihr müßt gehen.

Claudio.
Nur ein Wort, guter Freund Lucio, ein Wort mit euch.

Lucio. Hundert, wenn sie euch etwas nüzen können; wird Unzucht so hart angesehen?

Claudio. Diß ist mein Fall: Auf ein beydseitiges Eheversprechen hin nahm ich Besiz von Juliettens Bette; (ihr kennet sie;) sie ist mein wahres Eheweib, ausser daß uns die Ceremonien mangeln, wodurch unsre Heurath öffentlich gemacht worden wäre. Die einzige Ursache warum wir sie unterliessen, war ein Erbe, das noch in den Kisten ihrer Verwandten ligt, denen wir unsre Liebe noch so lange zu verbergen gedachten, bis die Zeit sie uns günstiger gemacht haben würde. Allein das Unglük wollte, daß das Geheimniß unsrer Vertraulichkeit vor der Zeit verrathen würde—es ist mit zu grossen Buchstaben an Julietten geschrieben.

Lucio.
Mit einem Kind, vielleicht?

Claudio. Leider! und der neue Stadthalter des Herzogs (ob es daher kommt, daß der Staatskörper ein Pferd ist, welches der Stadthalter zureiten soll, und dem er, das erste mal, die Sporren stärker zu fühlen giebt, damit es wisse, daß er seiner meister ist; oder ob die Tyranney in dem Plaz oder in demjenigen ist, der ihn einnimmt? kan ich nicht entscheiden:) Kurz, der neue Stadthalter erwekt bey meinem Anlas alle die veralteten Straffen, die gleich einer ungepuzten Rüstung, so lange an der Wand gehangen, bis neunzehn Zodiaci sich umgewälzt haben, ohne daß sie in einem einzigen gebraucht worden; und um eines Namens willen, wekt er das vergeßne tiefeingeschlafne Gesez wider mich auf; in der That, um eines Namens willen.

Lucio. Du hast recht, es ist nicht anders; und dein Kopf steht so schwach auf deinen Schultern, daß ihn ein verliebtes Milchmädchen wegseufzen könnte. Schikt dem

Herzog nach, und appellirt an ihn.

Claudio. Ich hab es gethan; aber man kan ihn nirgends finden. Ich bitte dich, Lucio, thu mir diesen Liebesdienst; ich hab eine Schwester im Kloster, die an diesem Tag ihre Probzeit enden soll. Gieb ihr Nachricht von der Gefahr worinn ich bin; bitte sie in meinem Namen, daß sie Freunde an den strengen Stadthalter schike; bitte sie, daß sie in eigner Person einen Anfall auf ihn thue; von dem leztern macht' ich mir die meiste Hoffnung. Eine junge Person wie sie, hat eine Art von sprachloser Beredsamkeit, der die Männer selten widerstehen können; und ausserdem, so ist sie auch geschikt genug, wenn sie durch Gründe und Vorstellungen überreden will.

Lucio. Ich wünsche, daß sie es könne; sowol zum Trost Aller die sich in ähnlichen Umständen befinden, als um deines Lebens willen; es würde mich sehr verdriessen, wenn es wegen eines Spiels Trictrak so närrischer Weise verlohren gehen sollte. Ich will zu ihr.

Claudio.
Habe Dank, mein guter Freund, Lucio.

Lucio.
Binnen zwo Stunden—

Claudio.
Kommt, Kerkermeister, wir wollen gehen.

(Sie gehen ab.)

Siebende Scene.
(Ein Kloster.)
(Der Herzog und Bruder Thomas.)

14

Herzog. Nein, heiliger Vater, laßt diesen Gedanken fahren: Glaubet nicht, daß der schmuzige Pfeil der Liebe einen männlichen Busen durchdringen könne. Die Ursache, warum ich euch um eine geheime Beherbergung bitte, ist wichtiger und ernsthafter, als die ausschweiffenden Absichten der glühenden Jugend.

Bruder.
Kan Eure Durchlaucht davon reden—

Herzog. Mein ehrwürdiger Vater, niemand weiß besser als ihr, wie sehr ich immer das abgesonderte Leben geliebt, und wie wenig ich an den Gesellschaften, wo Jugend, Verschwendung, und fröliche Thorheit sich vereinigen, Geschmak gehabt habe. Ich habe dem Freyherrn Angelo, einem Mann von strengen Sitten und geübter Enthaltsamkeit, meine ganze unumschränkte Gewalt in Wien übertragen; und er ist in der Einbildung, daß ich nach Polen gereißt sey; denn so hab' ich unter die Leute streuen lassen, und so ist es angenommen: Nun, mein frommer Herr, werdet ihr mich fragen, warum ich das thue?

Bruder.
Wenn es erlaubt ist, Gnädigster Herr.

Herzog. Wir haben strenge Geseze, (ein nothwendiges Gebiß für unbändige Unterthanen) die wir diese neunzehn Jahre her haben schlaffen lassen, gleich einem überfüllten Löwen, der in seiner Höle ligen bleibt, und nicht auf Beute ausgeht. Wie es nun zu begegnen pflegt, daß wenn allzu zärtliche Väter die Ruthe nicht zum Gebrauch, sondern nur zum Schreken, ihren Kindern vor die Augen steken, sie in kurzer Zeit mehr verlacht als gefürchtet wird; so ist es unsern Gesezen gegangen: Anstatt den Verbrechern den Tod zu geben, sind sie selbst todt; die ungebundne Freyheit zieht die Gerechtigkeit bey der Nase, der Säugling schlägt die

Amme, und alle Anständigkeit der Sitten geht verlohren.

Bruder.
Es hieng nur von Euer Durchlaucht ab, diese gefesselte Gerechtigkeit wieder los zu lassen, und es würde an Euch furchtbarer geschienen haben, als an Angelo.

Herzog. Ich besorge, nur allzu furchtbar. Da es mein Fehler war, dem Volk so viel Freyheit zu lassen, so würde es Tyranney gewesen seyn, sie für das zu strafen, was ich selbst ihnen zu thun befahl. Denn wir befehlen Böses zu thun, wenn wir den Uebelthaten statt der Straffe ihren freyen Lauf lassen. Dieses ist der wahre Grund, mein Vater, warum ich dieses Amt dem Angelo aufgetragen habe, der unter dem schüzenden Ansehen meines Namens straffen kan, ohne daß, so lange meine Person nicht gesehen wird, der Tadel auf mich fällt. Um aber selbst ein Augenzeuge von dieser Regierung zu seyn, will ich unter dem Namen eines Bruders von euerm Orden, sowol den Regenten als das Volk besuchen. Ich bitte dich also, schaffe mir einen Habit, und unterrichte mich, damit ich die vollständige Person eines ächten Franciscaner-Mönchs spielen könne. Noch mehr Gründe für diese Handlung will ich bey mehrerer Musse eröffnen; einer davon ist dieser: Angelo ist strenge; steht gegen jeden Tadel auf der Hut, gesteht kaum, daß sein Blut fließt, oder daß er zu Brot mehr Appetit hat als zu Stein. Wir können vielleicht bey dieser Gelegenheit lernen, wie viel man sich auf diese strengen Tugenden verlassen kan.

(Sie gehen ab.)

Achte Scene.
(Ein Frauen-Kloster.)
(Isabella, und Francisca.)

Isabella.
Und habt ihr Kloster-Frauen keine andern Freyheiten?

Francisca.
Sind diese nicht groß genug?

Isabella. Ja, freylich; ich frage nicht, als ob ich mehr wünschte; sondern weil ich wünschte, daß die Schwesterschaft der heiligen Clara noch enger eingeschränkt seyn möchte. (Lucio läßt seine Stimme hinter der Scene hören.)

Isabella.
Was ist das? Wer ruft?

Francisca. Es ist eines Mannes Stimme. Meine liebe Isabella, schließt ihr auf, und fragt ihn was er will; ihr dürft es thun, ich nicht; ihr habt das Gelübde noch nicht gethan; wenn ihr es gethan habt, so dürft ihr mit keiner Mannsperson sprechen, ausser in Gegenwart der Priorin; und auch dann, wenn ihr redet, dürft ihr euer Gesicht nicht zeigen, oder wenn ihr das Gesicht zeigt, dürft ihr nicht reden. Er ruft wieder; ich bitte euch, gebt ihm Antwort.

(Francisca geht ab.)

Isabella.
Wer ruft hier?

(Sie macht die Thüre auf.)

(Lucio kommt herein.)

Lucio. Heil, Jungfrau, wenn ihr seyd, wofür euch diese Rosenwangen ankündigen; wollt ihr so gefällig seyn, und mich vor Isabellen bringen, der schönen Schwester des unglüklichen Claudio, die sich unter den Probe-Schwestern dieses Hauses befindet.

Isabella. Warum des unglüklichen Claudio, laßt mich zurükfragen, indem ich euch sage, daß ich diese Isabella und seine Schwester bin.

Lucio. Holdselige Schöne, euer Bruder grüsset euch; um euch nicht lange aufzuhalten, er ligt im Gefängniß.

Isabella.
Weh mir! Und warum?

Lucio.
Für etwas, wofür er, wenn ich sein Richter wäre, Belohnung statt
Strafe erhalten sollte; er hat einer guten Freundin ein Kind gemacht.

Isabella.
Mein Herr, erzählt mir nicht eure eigne Geschichte.

Lucio. Es ist wie ich sage; wenn es gleich meine Schooßsünde ist, den Kybizen mit den Mädchen zu spielen, und ihnen zum Spaß Dinge vorzusagen, wovon mein Herz nichts weiß, so wollte ich doch nicht mit allen Jungfrauen so scherzen. Ich sehe euch für ein geheiligtes und dem Himmel geweyhtes Geschöpf an; und, aufrichtig zu reden, euer Stand macht euch in meinen Augen schon zu einem abgeschiednen seligen Geist.

Isabella.
Ihr lästert das Gute, indem ihr meiner spottet.

Lucio.
Denket das nicht von mir. In wahrem Ernst, diß ist die Sache: Euer
Bruder hat seine Liebste in einen Zustand gesezt, der

dasjenige was
zwischen ihnen vorgegangen, unleugbar macht.

Isabella.
Ist eine schwanger von ihm?—Meine Base Juliette?

Lucio.
Ist sie eure Base?

Isabella. Durch Adoption, durch die Liebe, die wir als
Kinder für einander gehabt.

Lucio.
Sie ist es.

Isabella.
O! So kan er sie ja heurathen.

Lucio. Das ist eben der Knoten. Der Herzog hat sich auf eine
sehr seltsame Art von hier wegbegeben; und manchen
Edelmann, worunter ich selbst einer bin, in der Hoffnung,
einen Antheil an der Staats Verwaltung zu bekommen,
getäuscht. Allein wenn denjenigen zu glauben ist, welche
die wahren Nerven des Staats kennen, so ist die Bestellung
die er gemacht, unendlich weit von seiner würklichen
Absicht entfernt. Indessen herrschet an seinem Plaz, und
mit seiner ganzen unumschränkten Gewalt, der Freyherr
Angelo, ein Mann dessen Blut Schneewasser ist; ein Mann
der durch die Stärke seiner Seele, durch Studieren und
Fasten den Stachel der Natur stumpf gemacht hat; der die
Bewegung der Sinne, und den Trieb der unordentlichen
Lust nie gefühlt hat. Dieser, (um den Muthwillen und die
Ausgelassenheit, die eine lange Zeit um die drohenden
Geseze, wie Mäuse um Löwen, herumgeschwärmt, in
Schreken zu sezen) hat ein Gesez hervorgesucht, unter
dessen schwerem Inhalt eures Bruders Leben der

Todesstraffe verfallen ist; er hat ihn also gefangen gesezt, und will durch Vollziehung der ganzen Strenge des Gesezes, ihn andern zu einem Beyspiel machen. Alle Hoffnung ist hin, wofern ihr nicht das Glük habt, durch eure schöne Fürbitte den Angelo zu rühren; und dieses ist, warum ich euch in euers Bruders Namen bitte.

Isabella.
Er will ihm das Leben nehmen, sagt ihr?

Lucio. Er hat das Urtheil schon gesprochen, und der Kerkermeister hat, wie ich höre, schon den Befehl wegen der Hinrichtung.

Isabella.
Ach Himmel! Was kan ich ihm also helfen?

Lucio.
Versucht die Macht, die ihr habt.

Isabella.
Meine Macht? Ach! ich zweifle—

Lucio.
Unsre Zweifel sind Betrüger, und bringen uns oft um das Gute, das
wir gewinnen könnten, durch die blosse Furcht vor dem Versuch.
Geht zu dem Stadthalter, und laßt ihn erfahren lernen, was die
Bitten, die gebognen Knie und die Thränen der Schönheit über einen
Mann vermögen.

Isabella.
Ich will sehen was ich thun kan.

Lucio.
Aber beschleuniget euch.

Isabella. Ich will nicht länger säumen, als um der würdigen Mutter Nachricht von meinem Geschäfte zu geben. Ich danke euch von Herzen; grüsset meinen Bruder: eh es Nacht ist, will ich ihm von meiner Ausrichtung Nachricht geben.

Lucio.
Ich beurlaube mich von euch, schöne Schwester —

Isabella.
Lebet wohl, mein gütiger Herr.

(Sie gehen ab.)

Zweyter Aufzug.

Erste Scene.
(Der Palast.)
(Angelo, Escalus, ein Richter, Bediente.)

Angelo. Wir müssen kein Schrek-Bild aus dem Gesez machen, das, die Raubvögel zu verscheuchen, aufgestellt wird; und ihm so lang einerley Gestalt lassen, bis die Gewohnheit macht, das sie sich darauf sezen, anstatt davor zu fliehen.

Escalus. Auch ist mein Rath, nur in diesem Fall einige Nachsicht verwalten zu lassen. Ach! der junge Mann den ich retten wollte, hatte einen sehr edeln Vatter. Ich halte Euer Gnaden für einen Mann von strenger Tugend; aber

möchtet ihr die Ueberlegung machen, ob ihr selbst, wenn
Zeit und Gelegenheit euerm Wunsch oder dem Trieb des
feurigen Blutes günstig gewesen wäre, ob ihr nicht selbst in
gewissen Augenbliken euers Lebens, in eben diesem Punct,
weßwegen ihr ihn strafen wollt, gefehlt und das Gesez
wider euch gereizt hättet.

Angelo. Ein anders ist, versucht werden, Escalus, ein
anders, fallen. Ich läugne nicht, daß unter den zwölf
Geschwornen, die über eines Gefangnen Leben sprechen
sollen, einer oder zween seyn können, die noch grössere
Diebe sind, als der den sie verhören. Die Gerechtigkeit straft
nur die Verbrechen, die ihr bekannt sind. Was weiß das
Gesez davon, daß Diebe über Diebe urtheilen? Es ist
natürlich, daß wir bey einem Edelstein, den wir finden, still
stehen und ihn aufheben, weil wir ihn sehen; aber wenn
wir ihn nicht sehen, so treten wir auf ihn und denken nicht
daran. Ihr könnt sein Vergehen dadurch nicht verringern,
daß ihr voraussezt, ich habe auch solche Fehler machen
können; aber dann, wenn ich, der ihn bestraft, mich
würklich so vergehe, dann redet, und laßt mein eignes
Urtheil mir den Tod zu erkennen. Mein Herr, er muß
sterben! (Der Kerkermeister zu den Vorigen.)

Escalus.
So sey es, wie eure bessere Einsicht es will.

Angelo.
Wo ist der Kerkermeister?

Kerkermeister.
Hier, zu Euer Gnaden Befehl.

Angelo.
Sorget dafür, daß Claudio bis morgen um neun Uhr
gerichtet werde.

22

Bringt ihm seinen Beichtiger, laßt ihn vorbereitet werden; denn
diese Zeit ist alles, was er noch zu leben hat.

(Kerkermeister geht ab.)

Escalus (vor sich.) Gut, der Himmel verzeihe ihm! und verzeih' uns allen! Einige steigen durch Sünde, andre fallen durch Tugend: Einige überwälzen sich in Lastern, und werden nur nicht zur Rede gestellet; andre müssen für einen einzigen Fehltritt die Straffe des grösten Verbrechens leiden.

Zweyte Scene.
(Ellbogen, Schaum, Harlequin und Gerichtsdiener.)

Ellbogen. Kommt, führt sie her; wenn das nüzliche Leute im gemeinen Wesen sind, die nichts thun, als das Pflaster treten, und in H** Häusern herumschwärmen, so versteh ich nichts vom Gesez. Führt sie her.

Angelo.
Was giebts, mein Herr? Wie heißt ihr? Wovon ist die Rede?

Ellbogen. Mit Euer Gnaden Erlaubniß, ich bin des armen Herzogs Policey- Aufseher in diesem Quartier, und mein Name ist Ellbogen. Ich appelliere an die Justiz, und bringe hier vor Euer Gnaden ein paar notorische Beneficanten.

Angelo.
Beneficanten? Was haben sie denn Gutes gethan? Du willt Maleficanten sagen, vermuthlich.

Ellbogen. Euer Gnaden nehmen mir nicht übel, ich weiß nicht wer sie sind; aber ausgemachte Buben sind es, das weiß ich gewiß, und leer an aller Profanation, welche gute

23

Christen haben sollten.

Escalus.
Das geht gut; das ist ein weiser Official.

Angelo. Zur Sache; von was für einer Gattung Leute sind
sie? Ellbogen heißt ihr? Warum redst du nicht, Ellbogen?

Harlequin.
Er kan nicht, Gnädiger Herr; er hat ein Loch im Ellbogen.

Angelo.
Wer seyd ihr, Monsieur?

Ellbogen. Er? Ein Bierzapfer, Gnädiger Herr, ein Schlingel
von einem H** Wirth, einer der bey einem übelberüchtigten
Weibsbild in Diensten ist; dessen Haus, Gnädiger Herr, wie
die Leute sagen, in den Vorstädten nieder gerissen worden
ist. Izt hält sie ein Badhaus, welches, denk ich, wohl so gut
oder nicht besser seyn wird, als ein H** Haus.

Escalus.
Woher wißt ihr das?

Ellbogen.
Mein Weib, Gnädiger Herr, die ich vorm Angesicht des
Himmels und
Euer Gnaden detestire—

Escalus.
Wie? dein Weib?

Ellbogen.
Ja, Gnädiger Herr, Gott sey Dank, sie ist ein ehrliches Weib
—

Escalus.

24

Und darum detestirst du sie?

Ellbogen.
Ich sage Gnädiger Herr, ich detestire mich selbst sowohl als sie,
daß dieses Haus, wenn es nicht ein H** Haus ist, so daurt mich ihr
Leben, denn es ist ein schlimmes Haus.

Escalus.
Und woher weist du es denn?

Ellbogen.
Sapperment, Gnädiger Herr, von meinem Weib, die, wenn sie ein Weib
wäre, das den cardinalischen* Lüsten nachhienge, in diesem Haus in
Hurerey, Ehebruch, und alle Unreinigkeit hätte gerathen können.

{ed.-* Es braucht kaum der Anmerkung, daß Ellbogen den Fehler hat, gerne lateinische Worte einzumengen, die er nicht recht ausspricht; er sagt detestiren für attestiren, cardinalisch für carnalisch. respectirt für suspect, u.s.w.}

Escalus.
Durch dieser Frauen Vorschub?

Ellbogen. Ja, Gnädiger Herr, durch Frau Overdons Vorschub; aber sie spie ihm ins Gesicht, wie er sie—

Harlequin.
Mit Euer Gnaden Erlaubniß, es ist nicht so.

Ellbogen.
Beweis es, beweis es vor diesen Schurken, du Ehrenmann!

beweis es.

Escalus.
Hört ihr, wie er sich verspricht?

Harlequin. Gnädiger Herr, sie gieng mit dem Kind als sie in unser Haus kam, und hatte (mit Respect vor Euer Gnaden zu sagen) einen Gelust nach gebratnen Pflaumen; Gnädiger Herr, wir hatten nur zwey im Hause, und die lagen zu eben derselben Zeit, wie das begegnete, in einem Confect-Teller, einem Teller für drey oder vier Groschen; Euer Gnaden haben wol auch solche Teller gesehen, es sind keine Porcellan-Teller, aber sehr gute Teller.

Escalus.
Weiter, weiter, es ist am Teller nichts gelegen—

Harlequin. Nein, in der That nicht, Gnädiger Herr, in diesem Stük hat Euer Gnaden recht: Aber zur Sache zu kommen; wie ich sagte, diese Madam Ellbogen gieng mit dem Kind, und hatte, wie ich sagte, schon einen ziemlich grossen Bauch, und gelüstete, wie ich sagte, nach Pflaumen, und es waren nur noch zwey auf dem Teller, wie ich sagte; denn dieser Herr von Schaum hier, dieser Junker, der hier steht, hatte die übrigen gegessen, wie ich sagte, und er bezahlte sie ehrlich, das muß ich sagen; denn, wie ihr wißt, Junker Schaum, ich konnte euch nicht drey Kreuzer herausgeben—

Schaum.
Nein, in der That.

Harlequin. Das muß wahr seyn; ihr waret eben daran, wenn ihr euch noch erinnert, die Steine von den vorbesagten Pflaumen aufzuknaken.

Schaum.

Ja, das that ich, in der That.

Escalus.
Fort, ihr seyd ein langweiliger Narr, zur Sache; was that
man denn
Ellbogens seinem Weib, daß er Ursach zu klagen hat?
Kommt auf das,
was man ihr that.

Harlequin.
Gnädiger Herr, Euer Gnaden kan noch nicht auf das
kommen.

Escalus.
Das ist auch nicht meine Absicht.

Harlequin. Aber Euer Gnaden soll darauf kommen, mit
Euer Gnaden Erlaubniß; und ich bitte euch, sehet einmal
diesen Junker Schaum an, Gnädiger Herr, einen Mann von
achtzig Pfund Renten des Jahrs, dessen Vater an aller
Heiligen Tag gestorben ist. War es nicht aller Heiligen Tag,
Junker Schaum?

Schaum.
Aller Heiligen Abend.

Harlequin. Gut, gut; ich hoffe, das ist ein Mann dem man
glauben muß. Er saß eben, Gnädiger Herr, wie ich sagte, in
einem niedern Sessel, Gnädiger Herr; es war in der Traube,
wo ihr in der That so gerne zu sizen pflegt; nicht wahr?

Schaum.
Es ist so, weil es eine hübsche offne Stube ist, und gut für
den
Winter.

Harlequin.

Das heißt gesprochen, wie es sich gehört; ich hoffe, hier ist
ein
Mann, der Glauben finden wird.

Angelo. Das wird eine Rußische Nacht auswähren, wenn
die Nächte am längsten sind. Ich will mich beurlauben und
es euch überlassen, die Sache zu untersuchen, in der
Hoffnung, ihr werdet gute Ursache finden, ihnen allerseits
den Staupbesen geben zu lassen.

(Geht ab.)

Dritte Scene.
(Die Vorigen.)

Escalus.
Nun, Monsieur, zur Hauptsache; was that man Ellbogens
Weib?

Harlequin.
Was man ihr that, Gnädiger Herr? Nichts, gar nichts, mit
Euer
Gnaden Erlaubniß.

Ellbogen. Ich bitte Euer Gnaden, fragt ihn, was dieser Mann
hier meinem Weibe gethan hat?

Harlequin.
Ich bitte Euer Gnaden, fragt mich.

Escalus.
Gut, Herr, was that ihr dann dieser Edelmann?

Harlequin.
Ich bitte Euer Gnaden, schauet diesem Edelmann ins

Gesicht; Junker
Schaum, sehet den Gnädigen Herrn an; es geschieht aus keiner bösen
Absicht; beobachtet Euer Gnaden seine Physionomie?

Escalus.
Ja, Herr, sehr wohl.

Harlequin.
Nun, ich bitte euch, beobachtet es nur wol.

Escalus.
Das thu ich.

Harlequin.
Kan Euer Gnaden etwas gefährliches darinn entdeken?

Escalus.
Nein.

Harlequin.
Nun will ich auf ein Buch schwören, daß sein Gesicht das schlimmste
Ding an seiner ganzen Person ist; wohlan dann, wenn sein Gesicht
das schlimmste an ihm ist, wie konnte Jkr. Schaum des Ellbogens
Weib etwas zuleide thun? Das möcht ich von Euer Gnaden hören.

Escalus.
Er hat recht; Herr Commiß, was sagt ihr dazu?

Ellbogen. Fürs Erste, so ist das Haus, mit Euer Gnaden Erlaubniß, ein respectirtes Haus; Zweytens, ist das ein respectirter Bursche, und seine Frau ein respectirtes Weib.

Harlequin.
Bey dieser Hand, Gnädiger Herr, sein Weib ist die respectirteste
Person unter uns allen.

Ellbogen. Schurke, du lügst; du lügst, du Schurke du; die Zeit soll noch kommen, da sie jemals mit einem Mann, Weib oder Kind respectirt gewesen —

Harlequin.
Gnädiger Herr, er war mit ihr respectirt; eh er sie heurathete.

Escalus.
Ist das wahr, Ellbogen?

Ellbogen. O du Galgenschwengel! o du Schurke! du gottloser Hannibal! Ich, respectirt mit ihr, eh ich sie heurathete? Wenn ich jemals mit ihr respectirt war, oder sie mit mir, so soll Euer Gnaden mich nicht für des armen Herzogs Beamten halten; beweis es, du verruchter Hannibal, oder ich will eine Injurien-Actie gegen dich anstellen. Was ist Euer Gnaden Befehl, daß ich mit diesem gottlosen Galgenbuben anfangen soll?

Escalus. Im Ernst, Herr Commiß, weil er ein und anders angestellt hat, das du gern entdeken möchtest wenn du könntest, so laß ihn seinen Weg fortgehen, bis du weist was es ist.

Ellbogen. Sapperment; ich danke Euer Gnaden davor; da siehst du, du leichtfertiger Schurke, wo es mit dir hinkommt; du darfst nur so fortmachen, du Schurke, du darfst nur so fortmachen —

Escalus (zu Schaum.)
Wo seyd ihr gebohren, guter Freund?

30

Schaum.
Hier, in Wien.

Escalus.
Habt ihr achtzig Pfund Renten, Herr?

Schaum.
Ja, mit Euer Gnaden Erlaubniß.

Escalus.
So.

(Zum Harlequin)

was ist eure Profession, Meister —

Harlequin.
Ein Bierzapfer, einer armen Wittfrauen Bierzapfer.

Escalus.
Wie heißt eure Frau?

Harlequin.
Frau Overdon.

Escalus.
Hat sie mehr als einen Mann gehabt?

Harlequin.
Neune, Gnädiger Herr, Overdon war der lezte.

Escalus. Neune? tretet näher her, Junker Schaum; Junker Schaum, ich sehe nicht gerne daß ihr mit Bierzapfern so wohl bekannt seyd; sie zapfen euch euer Geld ab, Junker Schaum, und ihr bringt sie an den Galgen. Gehet euers Weges, und laßt mich nichts mehr von euch hören.

Schaum.

Ich danke Euer Gnaden; ich für meinen Theil bin noch nie in keiner
Bierschenke gesessen, da ich nicht hineingezogen worden wäre.

Escalus. Genug, und nichts weiter mehr von dieser Art, Junker Schaum, gehabt euch wohl. —

(Schaum geht ab.)

Vierte Scene.

Escalus.
Kommt zu mir her, Meister Bierzapfer, wie ist euer Name, Meister
Bierzapfer?

Harlequin.
Pompey.

Escalus. Meister Pompey, ihr seyd ein Stük von einem H** Wirth, ob ihr es gleich hinter dem Bierzapfer versteken wollt. Seyd ihr's nicht? Kommt, sagt mir die Wahrheit, es wird euch nicht desto schlimmer gehen.

Harlequin. In gutem Ernst, Gnädiger Herr, ich bin ein armer Kerl, der gerne leben möchte.

Escalus.
Wie wollt ihr leben, Pompey? Von der H** Wirthschaft? Was dünkt
euch zu dieser Handthierung? Ist es eine gesezmäßige Begangenschaft?

Harlequin.

Wenn das Gesez sie gestattet, Gnädiger Herr.

Escalus. Aber das Gesez gestattet sie nicht, Pompey; dazu soll es in Wien nimmermehr kommen.

Harlequin. Hat Euer Gnaden vielleicht im Sinn, alle jungen Leute in der Stadt verschneiden zu lassen?

Escalus.
Nein, Pompey.

Harlequin. Wahrhaftig, gnädiger Herr, so werden sie nach meiner einfältigen Meynung nicht davon abzuhalten seyn; wenn Euer Gnaden den H** und den lüderlichen Mannsleuten wehren wird, so habt ihr nicht nöthig die Kuppler und Kupplerinnen zu fürchten.

Escalus.
Dafür sind hübsche Anstalten im Werk; es ist nur um Köpfen und
Hängen zu thun.

Harlequin. Wenn ihr nur zehn Jahre nach einander alle die sich in diesem Stüke verfehlen, köpfen und hängen lassen wollt, so werdet ihr in Zeiten Commißion für mehr Köpfe geben müssen; wenn dieses Gesez zehen Jahre in Wien gehalten wird, so will ich das schönste Haus in der Stadt das Stokwerk für drey Kreuzer miethen; wenn ihr so lang lebt, das zu erleben, so sagt, Pompey hab es euch vorher gesagt.

Escalus. Grossen Dank, Pompey, und, um eure Propheceyung zu erwiedern, so sag ich euch hiemit gleichfalls, laßt mich keine Klage mehr wider euch hören, worüber es seyn mag, auch nicht über längern Aufenthalt in dem Hause, wo ihr gewesen seyd; hör ich das mindeste, Pompey, so will ich euch in euer Lager zurük schlagen, und ein strenger Cäsar gegen euch seyn; aufrichtig zu sprechen, Pompey, ihr hättet verdient, daß ich euch ein wenig abpeitschen liesse; und hiemit, Pompey, gehabt euch für dißmal wohl.

Harlequin. Ich danke Euer Gnaden für den guten Rath; ich werde ihm folgen, wie das Schiksal, und Fleisch und Blut es erlauben werden—

(für sich)

Sapperment! Ein dapfrer Mann läßt sich nicht sogleich aus seinem
Handwerk peitschen.

(Geht ab.)

Fünfte Scene.

Escalus. Kommt zu mir hieher, Meister Ellbogen; kommt her, Herr Commis; wie lang ist es, daß ihr dieses Amt in euerm Quartier verwaltet?

Ellbogen.
Sieben und ein halb Jahr, Gnädiger Herr.

Escalus. Ich dachte, nach euerer Fertigkeit in diesem Amte zu urtheilen, ihr hättet es schon eine gute Zeit getrieben. Sieben ganze Jahre, sagt ihr?

Ellbogen.
Und ein halbes, Gnädiger Herr.

Escalus. Es wird euch viele Mühe gemacht haben, mein guter Mann; sie meynen es nicht gut mit euch, daß sie euch so oft dazu anstrengen; hat es denn keine Leute in euerm Kirchspiel, die im Stande wären es zu versehen?

Ellbogen. Mein Treu, Gnädiger Herr, nicht viele die den Verstand zu solchen Geschäften haben; wenn sie gewählt werden, so ist es ihnen immer eine Gefälligkeit, wenn ich den Dienst für sie versehe; sie bezahlen mich dafür, und so trag ich eben das Amt für alle.

Escalus. Seht ihr, bringt mir die Namen von sechs oder sieben, die die tauglichsten in euerm Kirchspiel sind.

Ellbogen.
In Euer Gnaden Haus?

Escalus.
In mein Haus; behüt euch Gott.

(Ellbogen geht ab.)

(Zum Richter.)

Wie viel denkt ihr daß die Gloke ist?

Richter.
Eilfe, Gnädiger Herr.

Escalus.
Ich bitte euch, kommt mit mir zum Mittag-Essen.

Richter.
Ich danke euer Gnaden unterthänig.

Escalus. Ich kränke mich herzlich über Claudios Tod; aber es ist nicht zu helfen.

Richter.
Der Freyherr Angelo ist streng.

Escalus.

Es ist nur allzu nöthig; Güte hört auf es zu seyn, wenn sie immer
die gleiche Mine macht; und Nachsicht ist allemal die Mutter neuer
Verbrechen. Und doch—armer Claudio! Es ist nicht zu helfen!—
Folget mir, mein Herr.

(Gehen ab.)

Sechste Scene.
(Der Kerkermeister, ein Bedienter.)

Bedienter. Er giebt nur einer Partey Gehör; er wird gleich
kommen: Ich will ihm sagen, daß ihr hier seyd.

Kerkermeister. Ich bitte euch, thut es; ich möchte wissen,
was sein Wille ist; vielleicht ihn wieder frey zu lassen—Ach!
Er hat kaum mehr als in einem Traum gesündiget; alle
Stände, alle Alter riechen nach diesem Laster—und er soll
dafür sterben. (Angelo zu den Vorigen.)

Angelo.
Nun, was giebt es, Kerkermeister?

Kerkermeister.
Ist es Euer Gnaden Wille, daß Claudio morgen sterben solle?

Angelo. Sagt' ich dir nicht schon, ja? Hast du nicht Befehl?
Wozu brauchst du noch einmal zu fragen?

Kerkermeister. Aus Furcht, ich möchte zu rasch seyn. Mit
Euer Gnaden Erlaubniß, ich habe den Fall schon erlebt, da
der Richter nach der Vollziehung sein Urtheil gerne

wiederruffen hätte.

Angelo.
Thu du deine Pflicht, und laß das meine Sorge seyn; thu
deine
Pflicht, oder gieb dein Amt auf; und es soll dir keine Mühe
mehr
gemacht werden.

Kerkermeister. Ich bitt' unterthänig um Verzeihung,
Gnädiger Herr—Und was soll ich mit der winselnden
Juliette anfangen? Sie ist ihrer Entbindung sehr nahe.

Angelo.
Bringe sie an einen bequemem Ort, und das unverzüglich.

Der Bediente. Gnädiger Herr, hier ist die Schwester des
verurtheilten Manns, und bittet vor Euer Gnaden gelassen
zu werden.

Angelo.
Hat er eine Schwester?

Kerkermeister.
Ja, Gnädiger Herr, eine sehr tugendhafte junge Person, die
im
Begriff ist eine Klosterfrau zu werden, wenn sie es nicht
schon ist.

Angelo.
Gut; laß sie herein kommen.

(Bedienter geht ab.)

Sorgt ihr davor, daß die Hure in einen andern Ort gebracht
werde; laßt ihr bloß die nothdürftige, und keine überflüssige
Unterhaltung geben; es soll Befehl deshalb ertheilt werden.

Siebende Scene.
(Lucio und Isabella, zu den Vorigen.)
(Kerkermeister will abtreten.)

Angelo.
Bleibt noch ein wenig—

(Zu Isabella.)

Seyd willkommen; was ist euer Begehren?

Isabella. Ich bin eine bekümmerte Person, die eine Bitte an
Euer Gnaden thun möchte, wenn es euch gefiele mich
anzuhören.

Angelo.
Gut; was ist eure Bitte?

Isabella. Es ist ein Laster, das ich von Herzen verabscheue;
das ich gestraft zu sehen wünsche, und für welches ich
keine Fürbitte thun würde, wenn ich nicht müßte.

Angelo.
Gut, zur Sache.

Isabella. Ich habe einen Bruder der zum Tod verurtheilt ist;
ich bitte euch, laßt das Urtheil auf sein Verbrechen, und
nicht auf meinen Bruder fallen.

Kerkermeister (leise.)
Der Himmel gebe dir die Gnade, ihn zu rühren;

Angelo.
Das Verbrechen verurtheilen, und nicht den Thäter? Ein
jedes
Verbrechen ist schon verurtheilt, eh es gethan wird. Was
würde

mein Amt seyn, wenn ich die Verbrechen fände, deren Strafe die
Geseze bestimmt haben, und die Thäter gehen liesse?

Isabella.
O! allzugerechtes wiewohl strenges Gesez!—Ich habe also keinen
Bruder mehr—

(Sie will fortgehen.)

Lucio (leise.) Gebt nicht so gleich auf; versucht es noch einmal, bittet ihn, fallt auf die Knie, hängt euch an seinen Rok; ihr seyd zu kalt; wenn ihr eine Steknadel nöthig hättet, könntet ihr sie mit keiner gleichgültigern Art verlangen. Noch einmal an ihn, sag' ich.

Isabella (zu Angelo.)
Muß er denn nothwendig sterben?

Angelo.
Mädchen, dafür ist kein Mittel.

Isabella.
Ey ja, ich denke ihr könntet ihm Gnade widerfahren lassen; weder
der Himmel noch die Menschen mißbilligen es, wenn man Gnade vor
Recht gehen läßt.

Angelo.
Ich will aber nicht.

Isabella.
Könntet ihr, wenn ihr wolltet?

Angelo.

Seht, was ich nicht will, das kan ich auch nicht.

Isabella. Aber könntet ihr es thun, ohne daß die Welt einen Schaden davon hätte, wenn euer Herz das Mitleiden des meinigen gegen ihn fühlte?

Angelo.
Sein Urtheil ist gesprochen; es ist zu spät.

Lucio (leise.)
Ihr seyd zu kalt.

Isabella. Zu spät? Warum? nein; ich kan ja ein Wort wiederruffen, das ich gesprochen habe: Glaubet nur, den König ziert seine Crone, den Statthalter sein Schwerdt, den Marschall sein Stab, und den Richter sein Rok nicht halb so sehr als Gnade; wäret ihr an seinem Plaze gewesen und er an euerm, ihr würdet gestrauchelt haben, wie er; aber er würde nicht so strenge gewesen seyn.

Angelo.
Ich bitte euch, geht.

Isabella. Wollte der Himmel, ich hätte eure Macht, und ihr wäret Isabella; es sollte nicht so seyn.

Lucio.
Nur weiter—das ist der rechte Ton—

Angelo. Das Gesez hat euern Bruder verurtheilt; alle eure Worte sind verschwendet.

Isabella. Ach! gnädiger Himmel! wie? Alle Seelen hatten einst gesündigt, und waren vom Gesez verurtheilt. Aber der, der sie mit bestem Fug straffen konnte, fand ein Mittel aus. Wenn er euch richten wollte, wie ihr seyd? O! denkt an das! und Gnade wird, gleich dem neuerschaffnen Menschen, aus euern Lippen athmen.

Angelo.
Gebt euch zufrieden, schönes Mädchen; das Gesez verurtheilt euern
Bruder, nicht ich. Wär' er mein Verwandter, mein Bruder, mein Sohn,
so würd' es ihm nicht anders ergehen; morgen stirbt er.

Isabella. Morgen? O! das ist zu schnell. Schonet seiner, gebt ihm noch Frist; er ist nicht zum Sterben bereitet. Wir tödten ja das Geflügel für unsre Küche nicht eher, bis es Zeit ist; sollen wir den Himmel schlechter bedienen, als den gröbsten Theil von uns selbst? O! mein gütiger Herr, bedenkt euch: Wenn ist jemals einer für diß Vergehen gestorben. Es sind manche, die es begangen haben.

Lucio (leise.)
Gut, wohl gesprochen!

Angelo. Das Gesez ist nicht todt gewesen, ob es gleich geschlaffen hat. Diese (Manche) hätten sich nicht unterstanden zu sündigen, wenn der erste, der das Gesez übertrat, gestraft worden wäre. Izt, ist es aufgewacht, erkundigt sich dessen was gethan wird, und sieht, gleich einem Wahrsager, in einem Spiegel, alle die künftigen Verbrechen vor, die durch eine längere Nachsicht veranlaßt würden, und auf keine andere Art verhindert werden können, als wenn sie vor ihrer Geburt getödtet werden.

Isabella.
Laßt wenigstens einiges Mitleiden sehen.

Angelo. Ich kan es nicht besser sehen lassen, als wenn ich Gerechtigkeit sehen lasse; denn alsdann hab' ich sogar Mitleiden mit denen, die ich nicht kenne, indem ich verhindere, daß ein ungestraftes Verbrechen sie nicht zur Nachfolge reize; ja mit dem Verbrecher selbst, der wenn er für eine böse That büssen muß, nicht lebt um die zweyte zu begehen. Gebt euch zufrieden; euer Bruder stirbt morgen; gebt euch zufrieden.

Isabella.
So müßt ihr also der erste seyn, der ein solches Urtheil spricht,
und er der erste, der dadurch leidet. O! es ist vortrefflich, die Stärke eines Riesen zu haben; aber es ist tyrannisch, sie wie ein
Riese zu gebrauchen.

Lucio (leise.)
Das ist wohl gesprochen.

Isabella. Könnten die Grossen der Welt donnern wie Jupiter, so würde Jupiter selbst keine Ruhe vor ihnen haben; denn bis auf den kleinsten ledernen Officianten würde ein jeder seinen Himmel zum donnern brauchen wollen. Nichts als donnern—Gütiger Himmel! dein scharfer schweflichter Keil zersplittert lieber die harte und knottichte Eiche als die sanfte Myrrthe: O! nur der Mensch, der stolze Mensch, für etliche Augenblike in ein wenig Ansehen gekleidet, vergißt was er am gewissesten wissen kan, seiner zerbrechlichen Natur; und spielt, gleich einem erboßen Affen, so phantastische Streiche vor den Augen des Himmels, daß die Engel darüber weinen, die, wenn sie unsre Milz* hätten, sich alle sterblich lachen müßten.

{ed.-* Die Alten schrieben ein unmäßiges Gelächter der Grösse der Milz zu. Warbürton.}

Lucio (leise.) Weiter, weiter, Mädchen—das wird würken—es kömmt ihm, ich merk' es.

Kerkermeister.
Wollte Gott, sie möchte ihn gewinnen!

Isabella.
Ich darf meinen Bruder nicht gegen euch abwägen; grosse Herren
dürfen mit Heiligen scherzen; an ihnen ist Wiz, was an geringem
Gottlosigkeit wäre.

Lucio.
Du hast recht, Mädchen; mehr dergleichen —

Isabella.
An dem Hauptmann ist das nur ein hastiges Wort, was an dem gemeinen
Soldaten eine platte Lästerung ist.

Angelo.
Wozu sagt ihr diese Dinge mir?

Isabella. Weil das höchste Ansehn, ob es gleich dem Irrthum eben so sehr unterworffen ist als andre Leute, doch immer eine Art von Arzney bey sich führt, die seine Vergehungen sogleich wieder zuheilt; geht in euch selbst; klopft an euerm Busen an, und fragt euer Herz, was es sich bewußt ist, das meines Bruders Fehler ähnlich ist; und wenn es euch wenigstens die Fähigkeit gesteht, eben so zu sündigen wie er, so erlaubt ihm keinen Gedanken gegen meines Bruders Leben auf eure Zunge zu tönen.

Angelo (für sich.)
Sie spricht mit einem Verstand, der den meinigen überwältiget —
Lebet wohl —

(Er will weggehen.)

Isabella.
O! mein Gnädiger Herr, kehret zurük.

Angelo.
Ich will mich bedenken; kommt morgen wieder.

Isabella. Höret doch, wie ich euch bestechen will; mein gütiger Herr, kehret zurück.

Angelo.
Wie? Mich bestechen?

Isabella.
Ja, mit solchen Geschenken, die der Himmel mit euch theilen soll.

Lucio (leise.)
Gut, sonst hättet ihr alles verdorben.

Isabella. Nicht mit Gold oder Steinen, die nur werth sind, was die Einbildung sie gelten läßt, sondern mit unschuldigen Fürbitten, die zum Himmel aufsteigen, und durch ihn eindringen sollen, eh die Sonne wieder aufgeht; mit Fürbitten von unbefleckten Seelen, von fastenden Jungfrauen, deren Herzen zu nichts Zeitlichem geweihet sind.

Angelo.
Gut, kommt morgen wieder.

Lucio (leise.)
Geht izt, es ist genug—weg.

Isabella. Der Himmel erhalte Euer Gnaden gesund. Um welche Zeit soll ich morgen Euer Gnaden aufwarten?

Angelo.
Vor Mittag, wenn ihr wollt.

(Isabella geht ab mit Lucio und Kerkermeister.)

Achte Scene.

Angelo (allein.) Von dir? Von deiner Tugend selbst? Was ist das? Was ist das? Ist es deine Schuld oder meine? Wer sündiget am meisten, der Versucher, oder der Versuchte? Nicht sie, denn sie denkt nur nicht daran mich versuchen zu wollen; ich bin es, der neben dem Veilchen in der Sonne ligend, gleich einem Aaß, nicht wie die Blume, von der holden Frühlings-Wärme faule. Ists möglich, daß die Sittsamkeit eines Weibes unsern Sinnen gefährlicher seyn soll, als ihre Schlüpfrigkeit? Sollen wir, da wir genug unnüzen Boden haben, einen Tempel niederreissen, um unsre Laster hinein zu steken?—O pfui, pfui, pfui! Was thust du, oder was bist du, Angelo? O laß ihren Bruder leben: Diebe haben Entschuldigung für ihre Räubereyen, wenn die Richter selbst stehlen. Wie? lieb ich sie, daß ich so begierig bin, sie wieder zu hören, und mich an ihren Augen zu weiden? Was war diß was ich träumte? O! listiger Teufel, der, um Heilige zu fangen, eine Heilige an deinen Angel stekst! Die gefährlichste Versuchung ist, die uns durch die Liebe zur Tugend zur Sünde reizt. Nimmermehr könnt ein feiles Weibsbild, mit aller ihrer verdoppelten Stärke, mit allen Reizungen der Natur und Kunst, meine Sinnen nur einen Augenblick aufrührisch machen; aber dieses tugendhafte Mädchen überwältiget mich ganz, mich, der bis auf diesen Augenblick, wenn ich von verliebten Mannsleuten hörte, lächelte, und nicht begreiffen konnte, wie sie es seyn könnten.

(Geht ab.)

Neunte Scene.
(Verwandelt sich in ein Gefängniß.)
(Der Herzog in einem Mönchshabit, und der Kerkermeister, treten
 auf.)

Herzog.
Gott grüsse euch, Kerkermeister; denn das seyd ihr, denke ich.

Kerkermeister.
Ich bin's; was ist euer Wille, mein guter Pater?

Herzog. Von Christlicher Liebe getrieben, und nach den Pflichten meines Ordens komm' ich, die betrübten Seelen in diesem Gefängniß zu besuchen; laßt mich sie sehen, damit ich die Natur ihrer Sünden erkundigen, und nach Befinden mein Amt bey ihnen verrichten könne.

Kerkermeister. Ich wollte noch mehr thun als das, wenn es nöthig wäre. (Juliette tritt auf.)

Kerkermeister. Seht, hier kommt eine von meinen Gefangnen, ein Fräulein, die in die Flammen ihrer eignen Jugend gefallen ist, und ihren guten Namen darinn versengt hat: Sie ist schwanger, und der Vater ihres Kinds ist zum Tode verurtheilt; ein junger Mann, der bereiter ist, noch eine solche Sünde zu begehen, als für diese zu sterben.

Herzog.
Wenn soll er sterben?

Kerkermeister.
Ich denke, morgen.

(Zu Juliette.)

Ich habe Vorsehung für euch gethan, bleibt eine Weile, und ihr sollt weggeführt werden.

Herzog.
Bereuet ihr, schönes Kind, die Sünde, die ihr begangen habt?

Juliette.
Ich bereue sie und trage die Schmach gedultig.

Herzog. Ich will euch lehren, wie ihr euer Gewissen prüfen könnt, um zu erfahren, ob eure Busse aufrichtig ist oder nicht.

Juliette.
Ich will es gerne lernen.

Herzog.
Liebt ihr den Mann, der euch zu Falle gebracht hat?

Juliette. Ja, so sehr als ich die Weibsperson liebe, die ihn zu Falle gebracht hat.

Herzog. Es scheint also, ihr habt aus beydseitigem Einverständniß gesündiget.

Juliette.
So ist es.

Herzog.
Also war eure Sünde von einer schwerern Art, als die Seinige.

Juliette.
Ich bekenn' und bereu' es, mein Vater.

Herzog. Es ist billig, meine Tochter; aber bereut ihr eure Sünde vielleicht nur darum, weil sie euch in diese Schmach gebracht hat, anstatt aus Betrübniß daß ihr den Himmel beleidiget habt? Eine gewöhnliche Art von Reue, wodurch wir beweisen, daß wir den Himmel nicht suchen weil wir ihn lieben, sondern nur wenn wir seine Strafen fürchten.

Juliette.
Es reut mich, in so fern es ein Uebel ist, und ich ertrage die Schmach mit Freuden.

Herzog. Bleibet bey dieser Gesinnung. Euer Mitschuldiger muß, wie ich höre, morgen sterben, und ich gehe izt zu ihm, ihn vorzubereiten. Also geb ich euch meinen Segen.

(Er geht ab.)

Zehnte Scene.
(Der Palast.)
(Angelo tritt auf.)

Angelo. Wenn ich beten oder mit geistlichen Gedanken mich unterhalten will, so bete ich, und denke an verschiedne Gegenstände; aber der Himmel hat nur meine leeren Worte, indeß mein Gemüth, ohne meine Zunge zu hören, auf Isabellen ankert. Der Himmel ist auf meinen Lippen, und der mächtige und schwellende Vorsaz der Sünde in meinem Herzen. Der Staat, worinn ich studirte, ist mir wie ein gutes Buch, das man so oft gelesen hat, bis man es überdrüßig worden ist; ja, diese Ernsthaftigkeit, auf die ich (laß niemand es hören) stolz war, könnt ich mit Aufgabe gegen eine leichte Feder vertauschen, die der Wind hin und her treibt. O! Plaz, o äusserliches Ansehen! Wie oft erzwingst du Ehrfurcht von den Thoren, und hintergehest selbst die weisern Seelen durch deine betrügliche Gestalt! Wir brauchen nur (guter Engel) auf des Teufels Horn zu schreiben, so ists nicht mehr des Teufels Horn— (Ein Bedienter kommt herein.) Was giebts, wer ist da?

Bedienter. Eine gewisse Isabella, eine Nonne, verlangt vor Euer Gnaden gelassen zu werden.

Angelo. Führe sie herein—O Himmel! wie treibt mein Blut zu meinem Herzen, und entsezt auf einmal alle meine andern Theile ihrer nöthigen Stärke—So spielt der alberne Hauffe mit einem der in Ohnmacht sinkt; alle lauffen ihm zu Hülfe, und verstopfen dadurch die Luft, durch die er wieder aufleben könnte: Und so verlassen die Unterthanen, einen geliebten König zu sehen, ihre eignen Geschäfte, und drängen sich in dienstfertiger Zärtlichkeit zu seiner Gegenwart, wo ihre unbescheidene Liebe einer Beleidigung gleich sehen muß— (Isabella kommt herein.) Wie geht es, schönes Mädchen?

Eilfte Scene.

Isabella.
Ich komme zu hören, was Euer Gnaden beliebt —

Angelo. Daß ihr es wissen möchtet, würde mir besser
belieben, als daß ihr darnach fragt. Euer Bruder kan nicht
bey Leben bleiben.

Isabella.
Ist es dieses? — Der Himmel erhalte Eu. Gnaden.

(Sie will gehen.)

Angelo. Und doch möcht' er noch eine Zeitlang leben, und
das möchte seyn, so lang als ihr oder ich; aber er muß
sterben.

Isabella.
Durch euer Urtheil?

Angelo.
Ja.

Isabella. Wenn, ich bitte euch? Laßt ihm wenigstens so viel
Zeit als er nöthig hat, damit seine Seele geheilt werden
könne.

Angelo. Ha? Pfui dieser garstigen Laster! Es wäre eben so
gut denjenigen zu begnadigen, der einen schon gemachten
Menschen aus der Natur weggestohlen hätte, als solchen
Leuten, die das Bild des Himmels auf verbotne Stempel
graben, ihre unverschämte Ueppigkeit zu verzeihen.

Isabella.
So wird im Himmel geurtheilt, aber nicht auf Erden.

Angelo.
Sagt ihr das? Nun will ich euch bald zum Stillschweigen bringen.
Was wolltet ihr lieber, daß das gerechteste Gesez euerm Bruder das
Leben nehme; oder daß ihr, um ihn zu retten, euern Leib eben so
behandeln lassen müßtet, wie diejenige, die er beflekt hat?

Isabella. Gnädiger Herr, glaubt mir das, ich wollte lieber meinen Leib preiß geben als meine Seele.

Angelo. Ich rede nicht von eurer Seele; Sünden, wozu wir genöthiget werden, stehen nicht auf unsrer Rechnung.

Isabella.
Wie sagt ihr?

Angelo. Ich will nicht davor gut stehen; denn ich kan vieles gegen das was ich gesagt habe, einwenden. Antwortet mir nur auf das: Ich, durch dessen Mund nur das Gesez redet, spreche das Todes-Urtheil wider euern Bruder aus: Wäre nicht Barmherzigkeit in einer Sünde, die ihr nur darum begienget, um euers Bruders Leben zu retten?

Isabella.
Schenket ihm das Leben, ich will es auf die Gefahr meiner Seele
nehmen, dann ist gar keine Sünde darinn, sondern blosse Barmherzigkeit.

Angelo. Hört mich nur, ihr versteht mich nicht; entweder seyd ihr unwissend, oder stellt euch so, und das ist nicht gut.

Isabella.
Laßt mich unwissend seyn, und in nichts gut, als in der

demüthigen
Erkenntniß, daß ich nicht besser bin.

Angelo. So wünscht die Weisheit nur desto glänzender zu
scheinen, wenn sie sich selbst tadelt; wie diese schwarze
Tücher die eingehüllte Schönheit zehnmal lauter
ankündigen als die enthüllte Schönheit selbst thun könnte.
Aber höret mich, um besser verstanden zu werden, will ich
deutlicher reden; euer Bruder muß sterben.

Isabella.
So.

Angelo. Und wegen eines Verbrechens, worauf das Gesez
diese Strafe gelegt hat.

Isabella.
Es ist wahr.

Angelo. Gesezt, es wäre kein ander Mittel ihm das Leben zu
retten (ich sage nicht, daß ich es gelten lassen würde,
sondern nur um den Fall zu sezen) als daß ihr, seine
Schwester, wofern jemand euer begehrte, den sein eigner
Plaz oder sein Ansehen bey dem Richter in den Stand sezte,
euern Bruder aus den Fesseln des Gesezes zu befreyen, und
daß kein andres Mittel ihn zu retten wäre, als ihr müßtet
entweder diesem vorausgesezten den Genuß eurer Schönheit
überlassen, oder euern Bruder leiden sehen, was würdet ihr
thun?*

{ed.-* Die unrichtige Construction dieser Rede ist im
Original, und man hat sie beybehalten, weil sie die
Verwirrung ausdrukt, worinn sich Angelo in diesem
Augenblik befinden mußte.}

Isabella.
Soviel für meinen armen Bruder, als für mich selbst; das ist,

wär
ich zum Tode verurtheilt, so wollt ich die Striemen scharfer
Geisseln wie Rubinen tragen, und mich auf die Marterbank
mit der
Sehnsucht eines Kranken wie auf ein Ruhbette werfen, eh
ich meinen
Leib der Schande preiß geben wollte.

Angelo.
So müßte euer Bruder sterben.

Isabella.
Besser, daß ein Bruder einen einzigen Augenblik sterbe, als
daß die
Schwester, um ihn zu retten, ewig sterbe.

Angelo. Wäret ihr in diesem Falle nicht eben so grausam als
das Urtheil, das ihr so genennt habt?

Isabella. So wie eine schändliche Ranzion, und eine freye
Begnadigung von zweyerley Häusern sind; so ist auch ganz
gewiß nicht die mindeste Verwandtschaft zwischen einer
gesezmäßigen Barmherzigkeit, und einer lasterhaften
Erlösung.

Angelo.
Ihr schienet lezthin das Gesez für einen Tyrannen, und den
Fehltritt euers Bruders eher für eine Kurzweil als für ein
Verbrechen anzusehen.

Isabella. Verzeihet mir Gnädiger Herr; um zu erhalten was
wir suchen, sind wir oft genöthiget nicht zu sagen, was wir
denken. Aus Liebe zu einem unglüklichen Bruder wünschte
ich die That entschuldigen zu können, die ich verabscheue.

Angelo.
Wir sind alle gebrechlich.

Isabella.
Wär' es nicht so, so möchte mein Bruder immerhin sterben.

Angelo.
Die Weiber sind auch gebrechlich.

Isabella. Ja, wie die Spiegel, worinn sie sich beschauen; die
Weiber! Der Himmel stehe ihnen bey! Die Männer verderben
ihre angebohrne Unschuld zum Vortheil ihrer
Leidenschaften; ja, nennet uns zehenmal gebrechlich, denn
wir sind sanft wie unsre Bildung, und weich genug jeden
fremden Eindruk anzunehmen.

Angelo. So denke ich auch; und durch das Zeugniß euers
eignen Geschlechts laßt mich kühner werden. Ich halte euch
bey euern Worten. Seyd was ihr seyd, ein Weib; wenn ihr
mehr seyd, seyd ihr keines. Seyd ihr's, wie diese Gestalt auf
eine so reizende Art es bezeuget, so zeiget es izt, indem ihr
diese geweyhte Liverey ableget.

Isabella. Ich habe nur eine Zunge; ich bitte Euer Gnaden,
deutlich zu sprechen.

Angelo.
Ich liebe euch.

Isabella. Mein Bruder liebte die Juliette, und ihr sagt mir,
daß er dafür sterben müsse.

Angelo.
Er soll nicht sterben, wenn ihr meine Liebe begünstiget.

Isabella. Ich weiß daß eure Tugend die Freyheit hat, ein
wenig schlimmer zu scheinen als sie ist, um andre auf die
Probe zu sezen.

Angelo.

Glaubt mir, auf meine Ehre, meine Worte erklären meine
Absicht.

Isabella. Ha! was für eine Ehre? und was für eine Absicht?
O! Schein! Schein! Ich will dich ausruffen, Angelo; siehe zu!
Unterzeichne mir diesen Augenblick die Begnadigung meines
Bruders, oder ich will so laut als ich schreyen kan, der Welt
sagen, was für ein Mann du bist.

Angelo. Wer wird dir glauben, Isabella? Mein unbeflekter
Name, mein strenges Leben, mein Ansehen im Staat, mein
blosses Zeugniß wider dich, werden deine Anklage so sehr
überwiegen, daß du in deiner eignen Aussage erstiken und
nach Verläumdung stinken wirst. Der erste Schritt ist
gethan, und nun will ich meinem sinnlichen Theil den
Zügel lassen. Bereite dich meiner erhizten Begierde
nachzugeben, lege alle Sprödigkeit, alle diese verzögernden
Erröthungen ab, die das verbannen warum sie bitten; erlöse
deinen Bruder, indem du deinen Leib meinem Willen
überlassest; oder er muß nicht nur den Tod sterben, sondern
deine Sprödigkeit soll seinen Tod durch langsame Martern
verlängern. Bringe mir morgen die Antwort, oder, bey der
Leidenschaft, die mich izt beherrschst, ich will ein Tyrann
gegen ihn werden. Was euch betrift, sagt was ihr könnt;
meine Lügen überwiegen eure Wahrheiten.

(Er geht ab.)

Isabella. Gegen wen soll ich mich beklagen? Würd' ich diß
erzählen, wer würde mir glauben? Ich will zu meinem
Bruder gehen. Ob er gleich durch Antrieb des wallenden
Blutes gefallen ist, so hat er doch so viel Empfindung von
Ehre, daß wenn er auch zwanzig Häupter auf zwanzig
Blöke hinzustreken hätte, er eher sie alle hingeben würde,
eh seine Schwester ihren Leib zu einer so schändlichen
Beflekung mißbrauchen lassen sollte. Leb' also keusch,

Isabella, und stirb du, Bruder; unsre Keuschheit ist mehr als unser Bruder; inzwischen will ich ihm das Zumuthen dieses Angelo kund machen, und ihn sterben lehren, damit seine Seele leben möge.

Dritter Aufzug.

Erste Scene.
(Das Gefängniß.)
(Der Herzog, Claudio und Kerkermeister treten auf.)

Herzog.
Ihr hofft also Begnadigung von dem Stadthalter Angelo?

Claudio. Die Unglüklichen haben keine andre Arzney als Hoffnung: Ich hoffe zu leben, und bin bereitet zum Sterben.

Herzog. Stellt euch als gewiß vor, daß ihr sterben müßt; Tod oder Leben wird euch dadurch nur desto süsser werden. Redet so mit dem Leben: Verliehr ich dich, so verliehr ich ein Ding, das nur von Thoren hochgeachtet wird; was bist du als ein Hauch, allen Einflüssen der Elemente unterwürffig, welche diese Wohnung, worinn du dich aufhältst, stündlich beunruhigen; du bist nichts anders als des Todes Narr,* du arbeitest, ihm durch deine Flucht zu entgehn, und rennst ihm immer entgegen; du bist nicht edel, denn du nährst dich von den verächtlichsten Dingen; du bist nicht dapfer, denn du fürchtest die kleine und schwache Zange eines armen Wurms; dein bester Theil ist der Schlaf, du liebest ihn, und fürchtest doch den Tod, der nichts mehr ist. Du bist nichts Selbstbeständiges, denn du bestehst durch viele tausend Körner, die aus einem Staub hervorkeimen; glüklich

bist du nicht, denn immer bestrebst du dich, was du nicht
hast zu gewinnen, und zu vergessen was du hast; du bist
nicht gewiß, denn dein Zustand wechselt, wie der Mond;
wenn du reich bist, bist du doch arm, denn du trägst gleich
einem mit Silberstangen beladnen Esel deinen schweren
Reichthum nur eine Tagreise, und der Tod ladet dich ab;
Freunde hast du keine, denn deine eigene Eingeweide, die
dich Vater nennen, fluchen dem Podagra, der Gicht und dem
Aussaz, daß sie dir nicht bälder ein Ende machen. Du hast
weder Jugend noch Alter; beydes ist nur ein Traum in einem
nachmittäglichen Schlaf; denn kaum ist das Feuer deiner
Jugend verrochen, so steht sie ab, und bettelt Almosen von
dem gichtbrüchigen Alter; und wenn du alt und reich bist,
so hast du weder Güte, noch Hize, Trieb und Glieder, deines
Reichthums froh zu werden. Was ist denn in diesem allem,
das den Namen des Lebens trägt? Und doch ligen in diesem
Leben zehentausend Tode verborgen; und wir fürchten den
Tod, der alle diese seltsamen Dinge eben macht?

{ed.-* Dieses ist eine Anspielung auf gewisse Schauspiele, die
in den barbarischen Zeiten unter dem Namen (Moralitys) in
England üblich waren, worinn die lustige Person und der
Tod die Hauptpersonen waren, und die erste alle nur
ersinnliche Kunstgriffe anwenden mußte, dem lezten, dem
sie alle Augenblike in die Hände lief, zu entgehen.}

Claudio. Ich danke euch; nun find ich, daß ich, wenn ich zu
leben wünsche, zu sterben suche; und wenn ich den Tod
suche, das Leben finde: Laß es kommen. (Isabella zu den
Vorigen.)

Isabella.
Wie? Friede sey mit dieser guten Gesellschaft.

Kerkermeister.
Wer ist da? herein — der Wunsch verdient einen Willkomm.

Herzog.
Mein lieber Herr, ich werde euch in kurzem wieder
besuchen.

Claudio.
Ich danke euch, heiliger Vater.

Isabella.
Mein Geschäfte besteht in einem oder zwey Worten mit
Claudio.

Kerkermeister.
Von Herzen willkommen. Sehet, mein Herr, hier ist eure
Schwester.

Herzog.
Kerkermeister, ein Wort mit euch.

Kerkermeister.
Soviele als euch beliebt.

Herzog (leise.) Bringet mich an einen Ort, wo ich sie hören
kan, ohne daß sie mich sehen.

(Herzog und Kerkermeister gehen ab.)

Zweyte Scene.

Claudio.
Nun, Schwester, was für einen Trost bringt ihr?

Isabella.
Wie sie alle zu seyn pflegen; einen sehr guten in der That;
der
Freyherr Angelo, welcher Geschäfte im Himmel hat, ist

entschlossen
euch zu seinem Abgesandten dahin zu machen; macht euch also ohne
Verzug reisefertig, morgen sollt ihr übersezen.

Claudio.
Ist denn kein Mittel?

Isabella. Keines als solch ein Mittel, das, um einen Kopf zu retten, ein Herz entzwey brechen würde.

Claudio.
Aber ist denn eines?

Isabella. Ja, Bruder, ihr könnt bey Leben bleiben; es ist ein Mittel—Aber eines, daß wenn ihr fähig wäret es zu billigen, eure Ehre sich von diesem Rumpf, den ihr tragt, abstreifen, und euch nakend lassen würde.

Claudio.
Und was ist es denn?

Isabella. O, ich fürchte dich, Claudio, ich fürchte du möchtest, um ein fieberhaftes Leben zu verlängern, sechs oder sieben Winter theurer schäzen als eine immerwährende Ehre—Hast du den Muth zu sterben? Die Empfindung des Todes ist das fürchterlichste an ihm; der arme Käfer, auf den wir treten, leidet so viel als ein sterbender Riese.

Claudio. Warum denkst du so schmählich von mir? Haltst du mich für so schwach, daß ich keiner männlichen Entschliessung fähig seyn sollte? Wenn ich sterben muß, so will ich der Finsterniß wie einer Braut entgegen gehn, und sie in meine Arme drüken.

Isabella. Izt sprach mein Bruder, und eine Stimme stieg aus meines Vaters Grab empor. Ja, du mußt sterben; du bist zu edel, ein Leben durch niederträchtige Gefälligkeiten zu erkauffen. Dieser, mit Heiligkeit übertünchte Stadthalter, dessen gesezte Mine und wohlbedächtliche Rede der Jugend die Klauen in den Kopf schlägt, und ihre Thorheiten berupft, wie der Falke die Eule, ist doch nur ein Teufel, dessen Herz einen Abgrund von Unrath, so tief als die Hölle, in sich hat.

Claudio.
Der priesterliche Angelo?

Isabella.
O das ist die betrügerische Liverey der Hölle, den verdammtesten
Körper in priesterliches Gewand einzuhüllen. Kanst du glauben,
Claudio, daß wenn ich ihm meine Jungfrauschaft überlassen wollte,
du frey werden könntest?

Claudio.
O Himmel! das kan nicht seyn.

Isabella. So ist es; diese Nacht ist die Zeit, da ich thun soll, was ich zu nennen verabscheue, oder morgen stirbst du.

Claudio.
Du sollst es nicht thun.

Isabella. O! wär' es nur mein Leben, ich wollt es für deine Befreyung so willig hinwerfen, als eine Steknadel.

Claudio.
Ich danke dir, meine theurste Isabella.

Isabella.
Bereite dich also morgen zu sterben, Claudio.

Claudio. Ja. So hat er auch solche Begierden, die das Gesez in die Nase beissen, wenn er es übertreten will—Gewißlich, es ist keine Sünde, oder es ist doch wenigstens von den sieben Todsünden die lezte.

Isabella.
Was ist die lezte?

Claudio. Wenn es so verdammlich wäre, würde er, der ein so weiser Mann ist, um die Lust eines Augenbliks ewig verdammt seyn wollen? O Isabella —

Isabella.
Was sagt mein Bruder?

Claudio.
Tod ist ein fürchterliches Ding.

Isabella.
Und ein schändliches Leben ein hassenswürdiges.

Claudio. Ja, aber sterben, und gehn wo man nicht weiß wohin; in kalter Erstarrung da ligen und verfaulen; diese warme gefühlvolle Bewegung zum starren Kloz werden, indeß daß der wollustgewohnte Geist sich in feurigen Fluthen badet, oder in Gegenden von aufgehäuftem Eyß erstarret, oder in unsichtbare Winde eingekerkert mit rastloser Gewalt rund um die schwebende Welt getrieben wird; oder noch unseliger ist als das unseligste, was zügellose und schwärmende Gedanken heulend sich vorbilden—Das ist entsezlich! Das armseligste Leben, mit allem Ungemach belastet, was Alter, Krankheit, Dürftigkeit und Gefangenschaft der Natur auflegen können, ist ein Paradies gegen das, was wir auf den Tod fürchten.

Isabella.
O weh!

Claudio. Liebste Schwester, laß mich leben. Wenn das Sünde seyn kan, wodurch du deines Bruders Leben erkaufst, so spricht die Natur so nachdrüklich für eine solche That, daß sie zur Tugend wird.

Isabella. O! du Thier! O! du ehrlose Memme! O! du schändlicher Elender! Willt du durch mein Verbrechen zum Menschen gemacht werden? Ist es nicht eine Art von Blutschande, dein Leben von deiner eignen Schwester Schaam zu empfangen? Was muß ich denken? Möge der Himmel verhütet haben, daß meine Mutter meinem Vater untreu gewesen; ein so niederträchtiges Unkraut konnte nicht aus seinem Blut entstehen. Stirb, vergeh Elender! Könnt ich dich durch einen blassen Kniefall vom Tod erretten, ich wollt es nicht thun. Ich will tausend Gebette für deinen Tod sprechen, und nicht ein Wort, dich zu retten.

Claudio.
Nein, höre mich, Isabella.

Isabella. O Pfui, Pfui, Pfui, deine Sünde, izt seh ichs, ist kein Fall, sondern ein Handwerk; Gnade gegen dich würde selbst zur Kupplerin werden; das beste ist, du sterbest ungesäumt.

Claudio.
O höre mich, Isabella.

Dritte Scene.
(Der Herzog und der Kerkermeister zu den Vorigen.)

Herzog.
Ein Wort mit euch, junge Schwester, nur ein Wort.

Isabella.
Was ist euer Begehren?

62

Herzog. Wenn eure Zeit es zuliesse, so möcht ich eine kleine Unterredung mit euch haben, deren Inhalt zu euerm eignen Besten abzielt.

Isabella.
Ich habe keine überflüßige Zeit; ich muß mein Verweilen andern
Geschäften stehlen; aber doch will ich noch eine Weile hier bleiben,
euch anzuhören.

Herzog. Sohn, ich habe gehört was zwischen euch und eurer Schwester vorgegangen ist. Angelo hat nie den Vorsaz gehabt sie zu verführen; seine Absicht war nur, ihre Tugend auf die Probe zu stellen, und er ist erfreut daß sie ihn so muthig abgewiesen hat. Ich bin des Angelo Beichtiger, und weiß daß diß wahr ist; bereitet euch also zum Tode. Entkräftet eure Entschlossenheit nicht durch betrügliche Hoffnungen; morgen müßt ihr sterben; auf eure Knie nieder, und bereitet euch zu!

Claudio.
Laßt mich meine Schwester um Verzeihung bitten. Die Liebe zum
Leben ist mir so vergangen, daß ich froh seyn werde, davon los zu
kommen.

(Claudio geht ab.)

Herzog.
Gehabt euch wohl. Kerkermeister, ein Wort mit euch.

Kerkermeister.
Was ist euer Wille, Vater?

Herzog. Daß ihr euch ein wenig entfernen sollt; laßt mich eine Weile bey dieser Schwester; mein Habit und mein Character sind euch Bürge, daß sie von meiner Gesellschaft nichts zu besorgen hat.

Kerkermeister.
Das kan wohl geschehen.

(Geht ab.)

Herzog. Das Glük hat es so gefügt, daß ich von dem Anfall, den Angelo auf eure Tugend gethan hat, benachrichtiget worden bin; und wenn diese Gebrechlichkeit nicht durch andre Beyspiele begreiflich gemacht würde, so würde sie mich an Angelo wundern: aber was wollt ihr thun, diesen Statthalter zu befriedigen, und euern Bruder zu retten?

Isabella. Ich bin im Begriff ihm meinen Entschluß zu melden; ich will lieber, mein Bruder sterbe durch das Gesez, als mein Sohn werde gegen das Gesez gebohren. Aber, o! wie sehr hat sich der gute Herzog in diesem Angelo betrogen! Wenn er jemals wieder zurük kömmt, und ich vor ihn kommen kan, so will ich die Sprache verliehren, oder ihm diese schändliche Regierung entdeken.

Herzog. Das wird nicht übel gethan seyn; aber so wie die Sache izt steht, wird Angelo eure Anklage unkräftig machen; er wird sagen, er habe euch nur auf die Probe gesezt. Höret also meinen Rath; meine Begierde Gutes zu thun, giebt mir ein Mittel ein: Mich däucht, ihr könntet auf die unschuldigste Art und zu gleicher Zeit einem armen beleidigten Frauenzimmer einen Dienst leisten den sie verdient, euerm Bruder das Leben retten, und euch dem abwesenden Herzog nicht wenig gefällig machen, wenn er jemals wiederkommen, und von dieser Sache hören sollte.

Isabella.
Redet weiter; ich habe Muth genug alles zu unternehmen, wovon mein
Herz mir nicht sagt, daß es unrecht ist.

Herzog.
Die Tugend ist herzhaft, und die Güte niemals furchtsam. Habt ihr
nicht von einer gewissen Mariana gehört, einer Schwester des
Schiffhauptmann Friedrichs der auf dem Meer verunglükte?

Isabella.
Ich habe viel Gutes von diesem Frauenzimmer sagen gehört.

Herzog. Sie sollte dieser Angelo geheurathet haben, er hatte sich mit ihr versprochen, und der Hochzeit-Tag war schon angesezt: Allein während der Zwischenzeit hatte Friedrich das Unglük, in einem Schiffbruch sein Vermögen, seiner Schwester Erbtheil, und sein Leben zu verliehren. Die arme Fräulein verlor dadurch einen edeln und angesehnen Bruder der sie zärtlichst liebte, mit ihm ihr Heurathgut, und mit beyden ihren Bräutigam, diesen scheinbaren Angelo.

Isabella.
Ist das möglich? Angelo verließ sie?

Herzog. Verließ sie in Thränen, und troknete nicht eine derselben mit seinem Trost ab, brach sein Gelübde unter dem Vorwand einige Fleken an ihrer Ehre entdekt zu haben; kurz, überließ sie ihrem Elend, und den Schmerzen die sie um seinetwillen leidet—

Isabella.
Wie wohl würde der Tod thun, wenn er dieses arme Mädchen aus der

Welt nähme! Und wie ungerecht ist dieses Leben, daß es einen
solchen Mann leben läßt! Aber wie kan ihr geholfen werden?

Herzog. Es ist ein Bruch, den ihr leicht heilen könnet; und die Heilung desselben rettet nicht nur euern Bruder, sondern macht auch daß ihr ihn ohne Verlezung eurer Ehre retten könnet.

Isabella.
Wie kan das geschehen, mein guter Vater?

Herzog. Die vorbenannte Person hegt noch immer ihre erste Leidenschaft; sein ungerechter Kaltsinn, der ihre Liebe billig ausgelöscht haben sollte, hat sie, gleich einem Hinderniß das dem Lauf eines Stroms entgegensieht, nur heftiger und unordentlicher gemacht. Geht ihr zu Angelo, antwortet seinem Begehren durch den Verspruch eines verstellten Gehorsams; gestehet ihm die Hauptsache zu, nur behaltet euch diese Bedingungen vor, daß ihr euch nicht lange bey ihm verweilen müsset, daß die Zeit von Dunkelheit und Stillschweigen begleitet sey, und der Ort die Bequemlichkeiten habe, die ein Geheimniß erfodert. Gesteht er euch dieses zu, so geht alles nach unserm Wunsche; wir unterrichten alsdenn dieses beleidigte Mädchen, sich zur gesezten Stunde an euern Plaz zu stehlen; dieses kan, wenn die Wahrheit sich in der Folg' entdekt, ihn nöthigen ihr Gerechtigkeit wiederfahren zu lassen, euer Bruder kommt dadurch in Freyheit, eure Ehre bleibt unbeflekt, die arme Mariana wird versorgt, und dem Stadthalter wird die Larve abgezogen. Ich nehm' es über mich, das gute Mädchen dazu vorzubereiten; wenn euch dieser Entwurf sonst gefällt, so braucht ihr euch kein Bedenken zu machen; das dreyfache Gute das daraus entspringt, macht den Betrug untadelhaft. Was dünkt euch hiezu?

Isabella.
Die Vorstellung davon beruhigt mich bereits und ich hoffe
der
Ausgang werde erfreulich seyn.

Herzog. Es kommt alles auf euern Beytrag an; eilet
unverzüglich zu Angelo; wenn er euch um diese Nacht
bittet, so sagt es ihm zu, unter den Bedingungen, die wir
abgeredt haben. Ich will indessen zu Marianen gehen; fraget
mir bey St. Lucas wieder nach, und macht daß ihr von
Angelo bald zurükkommt.

Isabella.
Ich danke euch für diesen Beystand; lebet wohl indessen,
mein guter
Vater.

(Sie gehen ab.)

Vierte Scene.
(Die Straasse.)
(Der Herzog als ein Mönch, Ellbogen, Harlequin, und
Stadtbediente.)

Ellbogen. Was wird noch aus der Welt werden, wenn man
euch das Handwerk nicht legt, Männer und Weiber wie das
liebe Vieh zu verkauffen? Fort, fort, euers Weges—He! Gott
grüß euch, guter Pater Bruder.

Herzog.
Und euch, guter Bruder Vater, was hat dieser Mann
begangen, mein
Herr?

Ellbogen. Beym Sapperment, Herr, er hat wider das Gesez

gesündiget, und, Herr, wir glauben er sey ein Dieb dazu,
Herr; denn wir haben einen seltsamen Schlüssel-Haken bey
ihm gefunden, Herr, den wir dem Stadthalter geschikt
haben.

Herzog. Pfui, du Schurke, ein H** Wirth, ein schändlicher
H** Wirth! Du lebst von dem Bösen das du verursachst.
Hast du auch einmal daran gedacht, was das ist, von einem
so unflätigen Laster den Magen zu füllen, oder den Rüken
zu kleiden? Sage zu dir selbst: Von ihren abscheulichen
viehischen Betastungen, eß' ich, trink' ich, kleid' ich mich
und lebe. Kanst du das für ein Leben halten, das von einem
so stinkenden Unterhalt abhängt? Geh, beßre dich, beßre
dich!

Harlequin. In der That, es stinkt in gewisser Maasse, Herr;
aber doch, Herr, wollt' ich beweisen können—

Herzog. Was willt du beweisen? Du bist ein verstokter Bube.
Führ ihn in den Kerker, Commiß; Züchtigung und
Unterricht müssen zugleich würken, um ein so wildes Vieh
zahm zu machen.

Ellbogen.
Er muß vor den Stadthalter, Herr; er ist gewarnet worden;
der
Stadthalter kan einen H** Wirth nicht leiden. Wenn er ein
H**
Wirth ist, und kommt vor den Stadthalter, so wär' es ihm
eben so
gut, er wär' eine halbe Stunde weit von ihm.

Harlequin.
Hier kommt ein junger Herr von meinen guten Freunden.

Fünfte Scene.
(Lucio zu den Vorigen.)

Lucio. Wie gehts, edler Pompey? Wie? in Cäsars Fesseln?
Wirst du im Triumph geführt? Wie? war keine von
Pygmalions Statuen, die kürzlich wieder zu einem Weib
gemacht worden*, die man hätte dafür beym Kopf kriegen
können, daß sie die Hand in eine Tasche gestekt, und eine
Faust wieder herausgezogen? He! was sagst du zu dieser
neuen Methode? So gieng es nicht unter der lezten
Regierung. Ha? Was sagst du, Pflastertreter? wie gefällt dir
diese neue Welt? Du wanderst, däucht mich, ins Gefängniß?

{ed.-* Das ist: Die aus der Salivations-Cur gekommen.
Warbürton.}

Harlequin.
Ihr habt's errathen, mein Herr.

Lucio. Das läßt sich hören, Pompey, Glük zu; allenfalls
kanst du sagen, ich habe dich wegen einer Schuld dahin
geschikt; oder warum—

Ellbogen.
Weil er ein H** Wirth ist, ein H** Wirth.

Lucio. Gut, so sezt ihn immer ein; wenn das die Straffe ist
die einem H** Wirth gehört, so geht die Sache in ihrer
Ordnung. Ein H** Wirth ist er, das hat seine Richtigkeit,
und das nicht erst von gestern her; er ist ein gebohrner H**
Wirth. Guten Abend, Pompey; mein Compliment an das
Gefängniß, Pompey; ihr werdet nun ein braver Hausmann
werden, Pompey, ihr werdet hübsch das Haus hüten.

Harlequin.
Ich hoffe Euer Gnaden werden Bürge für mich seyn.

Lucio. Nein, wahrhaftig, das werd ich nicht, Pompey; es
verlohnt sich der Mühe nicht; ich will um die Verlängrung
eurer Gefangenschaft bitten; schikt ihr euch nicht geduldig
drein, desto schlimmer für euch; fahr wohl, ehrlicher
Pompey. Guten Abend, Bruder!

Herzog.
Ebenfalls.

Lucio.
Mahlt sich Brigitte noch immer, Pompey? ha?

Ellbogen.
Fort euers Weges, Herr, fort.

Lucio.
Munter, Pompey, es muß schon seyn. Was giebts neues,
Frater, was
Neues?

Ellbogen.
Fort, Herr, geht euers Weges.

Lucio.
Geh, in den Stall, Pompey, geh.

(Ellbogen, Harlequin und Bediente geben ab.)

Sechste Scene.

Lucio.
Was giebts neues, Frater, vom Herzog?

Herzog.
Ich weiß nichts; wißt ihr etwas?

Lucio. Einige sagen, er sey bey dem Rußischen Kayser; andre, er sey in Rom; aber wo meynt ihr, daß er ist?

Herzog.
Das weiß ich nicht, aber wo er auch seyn mag, wünsch' ich ihm Gutes.

Lucio. Das war ein wunderlicher Einfall von ihm, sich aus dem Staat wegzustehlen, und auf der Betteley herumzuziehen, die seines Handwerks nicht ist. Der Herr Angelo hält indessen hübsch Haus, er beunruhiget die Uebertretung, daß es nicht auszustehen ist.

Herzog.
Daran thut er wohl.

Lucio. Ein wenig mehr Gelindigkeit gegen die Galanterie möchte nicht schaden; in diesem Stük ist er ein wenig zu streng, Bruder.

Herzog.
Ein so verführisches Laster kan nur durch Strenge geheilt werden.

Lucio. Frater, so lang essen und trinken nicht abgeschaft werden kan, wird es unmöglich seyn, es ganz auszurotten. Man sagt, dieser Angelo sey nicht durch den ordentlichen Weg der Natur von einem Mann und einem Weib entstanden; ist es wahr, was däucht euch?

Herzog.
Wie soll er denn entstanden seyn?

Lucio. Einige erzählen, eine Wassernixe habe ihn gebrutet; andre, er sey von zwey Stokfischen gezeugt worden. Soviel ist gewiß, daß wenn er das Wasser abschlägt, sein Urin gleich zu Eis gefriert; ich weiß daß es wahr ist, und daß er zur Zeugung unfähig ist, daran ist auch nicht zu zweifeln.

Herzog.
Ihr scherzet, mein Herr —

Lucio. Zum Henker, was für eine Unbarmherzigkeit ist es
von ihm, um der Empörung eines H*s*nlazes willen einem
ehrlichen Kerl das Leben zu nehmen? Hätte der abwesende
Herzog das gethan? Ehe er jemand, und wenn es auch um
hundert Bastarte willen gewesen wäre, hätte hängen lassen,
ehe hätte er für tausend das Kostgeld aus seinem Beutel
bezahlt. Er liebte das Spiel selbst ein wenig, und das machte
ihn gelinde.

Herzog. Ich habe nie gehört, daß man den abwesenden
Herzog mit Weibsleuten im Verdacht gehabt hätte; seine
Neigung gieng nicht dahin.

Lucio.
O mein Herr, ihr betrügt euch sehr.

Herzog.
Es ist nicht möglich.

Lucio. Wie? der Herzog nicht? Das alte Mensch, das für
euch bettelt, könnte euch davon sagen; er warf ihr nicht
umsonst allemal einen Ducaten in ihre Büchse. Der Herzog
hat seine Schliche. Er liebte auch den Trunk, das könnt ihr
mir glauben.

Herzog.
Gewißlich, ihr thut ihm unrecht.

Lucio.
Herr, ich war ein Vertrauter von ihm; ein schlauer Bursche
ist der
Herzog, und ich glaube ich weiß warum er sich entfernt hat.

Herzog.
Ich bitte euch, was mag die Ursache seyn?

Lucio. Um Vergebung, das ist ein Geheimniß, davon sich
nicht reden läßt; aber so viel kan ich euch zu verstehen
geben; der gröste Theil seiner Unterthanen hielt den Herzog
für weise?

Herzog.
Weise? wie, es ist wohl keine Frage, ob er es war.

Lucio.
Ein sehr superficieller, unwissender, unbedächtlicher Geselle.

Herzog. Entweder ist es Neid, oder Narrheit oder Irrthum
daß ihr so redet. Sein ganzes Leben, und alle seine
öffentlichen Handlungen geben ihm ein besseres Zeugniß;
und der Neid selbst muß gestehen, daß er gelehrt, ein
Staatsmann und ein Soldat ist. Ihr sprecht also sehr
unbesonnen; oder wenn es nicht aus Mangel an Einsicht
geschieht, so verrathet ihr viel Bosheit.

Lucio.
Herr, ich kenn' ihn und ich lieb' ihn.

Herzog. Ihr würdet ihn besser lieben wenn ihr in kenntet,
und ihn besser kennen wenn ihr ihn liebtet.

Lucio.
Gut, Herr, ich weiß was ich weiß.

Herzog. Ich kan es schwerlich glauben, da ihr nicht wißt
was ihr redet. Wofern aber der Herzog wieder zurükkommt,
so gestattet daß ich von euch begehre, euch bey ihm zu
verantworten. Habt ihr die Wahrheit gesagt, so werdet ihr
auch Herz haben, sie zu behaupten; meine Schuldigkeit ist,
euch dazu aufzufordern, und ich bitte euch deßwegen um

euern Namen.

Lucio.
Herr, mein Name ist Lucio, der Herzog kennt ihn wohl.

Herzog.
Er wird euch noch besser kennen lernen, wenn ich so lange lebe, ihm
Nachricht von euch geben zu können.

Lucio.
Ich fürchte euch nicht.

Herzog. O! ihr hoft, der Herzog werde nicht wieder
kommen, oder ihr bildet euch ein ich sey ein Gegner, der
euch nicht schaden könne; und in der That, ich werde euch
wenig schaden, denn ihr werdet alles was ihr hier gesagt
habt, wieder abschwören.

Lucio.
Erst will ich mich hängen lassen; du kennst mich nicht,
Frater.
Doch nichts weiter hievon. Kanst du sagen, ob Claudio
morgen
stirbt oder nicht?

Herzog.
Warum sollt' er sterben, mein Herr?

Lucio. In der That ist es hart, einem darum den Kopf zu
nehmen, weil er die Hosen herunter gelassen hat; denn das
ist doch zulezt alles, was er gethan hat. Ich wollte, der
Herzog von dem wir reden, wäre wieder da; dieser
unvermögende Statthalter wird das ganze Land durch
Enthaltsamkeit entvölkern. Er leidet nicht, daß die Sperlinge
in seinem Hause nisten, weil sie Liebhaber vom Paaren sind.
Der Herzog würde Dinge, die im Finstern geschehen, auch

im Finstern ausmachen; er würde sie gewiß nicht ans Licht ziehen. Ich wollt' er wäre wieder da! Leb' wohl, mein guter Frater; ich bitte um dein Gebet. Der Herzog, ich sag dir's noch einmal, macht sich nichts daraus, an einem Freytag von einer Schöpskeule zu essen; seine Zeit ist noch nicht vorbey; ich versichre dich, er würde eine Bettlerin schnäbeln, wenn sie gleich nach schwarz Brot und Knoblauch röche. Sag, ich hab' es gesagt, und gehab dich wohl.

(Lucio geht ab.)

Herzog. Weder Macht noch Hoheit kan dem Tadel entgehen, und die hinterrüks verwundende Verläumdung scheuet sich nicht, die weisseste Tugend anzugeifern.

Siebende Scene.
(Escalus, Kerkermeister, Kupplerin, und Stadtbediente.)

Escalus.
Geht, führt sie ins Gefängniß.

Kupplerin. Ach, Gnädiger Herr, schonet meiner; Euer Gnaden wird von jedermann für einen so mitleidigen Herrn gehalten! Ach mein gütiger Herr!

Escalus.
Doppelt, dreyfach gewarnt werden, und doch immer in dem gleichen
Verbrechen fortzufahren—das könnte die Gnade selbst zum Tyrannen
machen.

Kerkermeister. Eine H** Wirthin, die das Handwerk eilf ganzer Jahre hinter einander treibt, mit Euer Gnaden

Erlaubniß.

Kupplerin. Gnädiger Herr, das geschieht alles auf Anstiften
eines gewissen Lucio; Jungfer Käthchen Legdich wurde
schwanger von ihm, in des Herzogs Zeiten; er versprach ihr
die Ehe; sein Kind ist auf nächsten Philippi und Jacobi fünf
Virtheil Jahr alt; ich hab es selbst unterhalten, und das ist
nun der Dank den er mir davor giebt.

Escalus. Dieser Lucio ist ein sehr ausgelassener Bursche; laßt
ihn vor uns ruffen. Weg mit ihr ins Gefängniß; fort, fort,
keine Worte mehr.

(Sie gehen mit der Kupplerin ab.)

Kerkermeister, mein Bruder Angelo läßt sich nicht
überreden;
Claudio muß morgen sterben, versorget ihn mit Geistlichen,
und mit
allem was er zu seiner Vorbereitung nöthig hat. Wenn mein
Mitleiden ihm etwas helfen könnte, sollte es nicht so seyn.

Kerkermeister. Dieser Franciscaner ist bey ihm gewesen, und
hat ihn zum Tod vorbereitet.

Escalus.
Guten Abend, Vater.

Herzog.
Heil und Segen sey mit euch!

Escalus.
Woher seyd ihr?

Herzog. Nicht aus diesem Land, ob es mich gleich getroffen
hat, eine Zeitlang mich darinn aufzuhalten; ich bin ein
Bruder aus einem gesegneten Orden, und vor kurzem mit

einem besondern Auftrag von seiner Heiligkeit über das Meer gekommen.

Escalus.
Was giebt es Neues in der Welt?

Herzog. Nichts, als eine Neuigkeit die so alt ist als die Welt, und die doch die Neuigkeit jedes Tages ist, daß die Tugend siech und das Laster munter, und daß es leichter ist, das Böse zu strafen als selbst unverwerflich zu seyn. Ich bitte euch, mein Herr, von was für einer Denkungsart war der Herzog?

Escalus. Von einer, die sich nichts angelegner seyn läßt, als sich selbst zu kennen.

Herzog.
Was für einem Vergnügen war er ergeben?

Escalus. Wenn er sich über etwas freute, so war es mehr über die Freude andrer Leute, als daß er an irgend etwas, das ihn belustigen wollte, eine sonderliche Lust gehabt hätte. Doch wir wollen ihn seinen Geschäften überlassen, und nur bitten, daß sie glüklich seyn mögen; erlaubet mir euch zu fragen, wie findet ihr den Claudio vorbereitet? Ich höre, daß ihr ihn besucht habt.

Herzog. Er bekennt, daß ihm sein Richter nicht zuviel gethan habe, und ergiebt sich mit gelaßner Demuth in den Willen der Gerechtigkeit; doch hat er Schwachheit genug gehabt, sich allerley betrügliche Hoffnungen zum Leben zu machen, die ich ihm aber so benommen habe, daß er izt entschlossen ist zu sterben.

Escalus. Ihr habt gegen den Himmel und den Gefangnen die Pflichten euers Berufs erfüllt. Ich habe mir für den armen Edelmann so viel Mühe gegeben, als es die Bescheidenheit zuließ; allein ich habe meinen Collegen Angelo so strenge gefunden, daß er mich genöthiget hat ihm zu sagen, er sey in der That die Gerechtigkeit selbst.

Herzog. Wenn sein eignes Leben mit der Strenge seines Richter-Amts übereinstimmt, wird es ihm wohl bekommen; wo nicht, so hat er sich selbst das Urtheil gesprochen.

Escalus.
Ich gehe den Gefangnen zu besuchen; lebet wohl.

(Er geht ab.)

Achte Scene.
(Der Herzog allein.)

Herzog. Wer das Schwerdt des Himmels tragen will, soll eben so heilig und unverwerflich seyn als er streng ist. Schaam über den, dessen tyrannische Hand die Verbrechen an andern bestraft, die er sich selbst nachsieht; dreyfache Schaam über Angelo, der andrer Laster ausreutet, und die seinigen wachsen läßt. O! was für Unrath kan in einem Menschen verborgen seyn, wenn er von aussen gleich ein Engel scheint! Wie leicht ist's dem Laster, unter dieser Gestalt, die Welt und die Zeit selbst zu betrügen, und mit schwachen Spinnenfaden die gewichtigsten Dinge, Reichthum, Macht und Ehre, an sich zu ziehen. Ich muß List gegen Laster gebrauchen. Diese Nacht soll seine ehmalige verlaßne und verschmähte Braut bey dem Angelo ligen, um durch einen unschuldigen Betrug die keusche Unschuld zu befreyen, und einen alten Eheverspruch gültig zu machen.

Vierter Aufzug.

Erste Scene.
(Eine Scheuer.)
(Mariane und ein kleiner Knabe treten singend auf.
 Der Herzog als ein Franciscaner-Mönch kommt dazu.)

Mariane.
Hör auf zu singen, und begieb dich eilends hinweg. Hier kommt ein
Mann des Trostes, dessen Zuspruch schon oft meinen murrenden Kummer
gestillet hat—

(Zum Herzog.)

Ich bitte euch um Vergebung, mein ehrwürdiger Herr, und wünschte, daß ihr mich hier nicht so musicalisch angetroffen hättet; entschuldiget mich und glaubet mir, diese erzwungne Frölichkeit ist nur ein schwaches Lindrungsmittel meines Schmerzens.

Herzog. Es ist gut; obgleich die Musik oft eine so zaubrische Kraft hat, daß sie das Böse gut und das Gute böse machen kan. Ich bitte euch, hat niemand hier nach mir gefragt; es wird schon über die Zeit seyn, da ich versprochen habe, mit jemand an diesem Orte zusammen zu kommen.

Mariane.
Es hat niemand bey mir nach euch gefragt, ob ich gleich den ganzen
Tag hier gesessen bin. (Isabella kommt.)

Herzog. Ich glaube euch in allen Sachen;—Die Zeit ist gekommen, eben izt— Ich muß euch um ein wenig Geduld bitten; ich werde euch sogleich wieder zurük rufen, um von einer Sache mit euch zu sprechen, die zu euerm Besten abgezielt ist.

Mariane.
Ich werde euern Befehl erwarten.

(Sie geht ab.)

Zweyte Scene.

Herzog.
Willkommen, Isabella, ihr haltet euer Wort genau; was giebt es
Neues von dem ehrlichen Stadthalter?

Isabella. Er hat einen Garten, der mit einer Mauer von Ziegelsteinen eingeschlossen ist, und an der West-Seite an einen Weinberg stößt; hier ist der Schlüssel, der das Thor in diesen Weinberg aufschließt; und hier ein andrer, der eine kleine Thür öffnet, die aus dem Weinberg in den Garten führt. Hier habe ich versprochen, in der finstern Mitternacht ihm einen Besuch zu geben.

Herzog.
Aber seyd ihr auch gewiß, den Weg zu finden?

Isabella. Er hat mir denselben mit einer so grossen Sorgfalt zu wiederholten malen gezeigt, daß ich ihn ganz genau angeben kan.

Herzog. Sind keine andre Verabredungen zwischen euch genommen worden, die das Frauenzimmer wissen muß, das eure Stelle vertreten wird?

Isabella. Keine andre, als daß die Zusammenkunft im Finstern geschehen soll; und daß ich ihm beygebracht, mein Aufenthalt könne nur sehr kurz seyn, indem ich mit einer Magd kommen werde, die, in der Meynung, daß ich eine heimliche Zusammenkunft mit meinem Bruder habe, auf mich warten solle.

Herzog. Das ist wohl ausgesonnen. Aber ich habe Marianen noch kein Wort von der Sache entdekt. Ha! kommt heraus, wenn es euch beliebt!

Dritte Scene.
(Mariane zu den Vorigen.)

Herzog (zu Isabella.) Ich bitte euch, macht Bekanntschaft mit diesem jungen Frauenzimmer; sie kommt, euch Gutes zu thun.

Isabella.
Ich wünsche, daß es zu ihrem eignen Besten ausschlage.

Herzog (zu Mariane.)
Seyd ihr überzeugt, daß ich euch hoch schäze?

Mariane. Mein gütiger Vater, ich bin vollkommen überzeugt, und habe Proben davon.

Herzog.
So nehmt dann diese eure Freundin bey der Hand, und höret die
Geschichte, die sie euch zu erzählen hat; ich will hier auf eure
Zurükkunft warten; aber beschleuniget euch; die Nacht bricht an.

(Mariane und Isabella gehen ab.)

81

Herzog (allein.) * O Macht und Grösse. Millionen falscher
Augen sind auf dich geheftet; ganze Bände voll unächter
und widersprechender Nachrichten verfälschen deine
Thaten; und tausend halbkluge Wizlinge machen dich zum
Vater ihrer müssigen Träume, und foltern dich in ihrer
Einbildung—Willkommen! Wie versteht ihr euch mit
einander?

{ed.-* Diese Rede, die augenscheinlicher Weise keinen
begreiflichen Zusammenhang mit dem Inhalt dieser Scene
hat, gehört, nach des Dr. Warbürtons Meynung, zum
Schluß der Scene zwischen Lucio und dem Herzog in dem
vorigen Aufzug; und ist, wie er glaubt, von den
Schauspielern, die es nicht so genau zu nehmen pflegen,
hieher versezt worden, damit der Herzog in der
Abwesenheit der beyden Damen keine lange Weile habe.}

Vierte Scene.
(Mariane und Isabella kommen zurük.)

Isabella. Sie will die Verrichtung auf sich nehmen, wenn ihr
nichts dawider einzuwenden habt, Vater.

Herzog.
Ich gebe nicht nur meine Einwilligung, sondern ich bitte
euch darum.

Isabella. Wenn ihr euch wieder wegbegebet, so braucht ihr
ihm nichts zu sagen, als mit leiser Stimme: ("Erinnert euch
nun meines Bruders.")

Mariane.
Seyd unbekümmert—

Herzog.

Auch seyd ihr es nicht um euer selbst willen, meine liebe
Tochter.

Ein gültiger Eheverspruch macht ihn zu euerm Gemahl,
und es ist

also keine Sünde euch so zusammen zu bringen, indem die
Gerechtigkeit euers Anspruchs an ihn den Betrug
unschuldig macht.

Kommt, laßt uns gehen; wir haben das wichtigste noch vor
uns.

(Sie gehen ab.)

Fünfte Scene.
(Das Gefängniß.)
(Der Kerkermeister und Harlequin.)

Kerkermeister.
Hieher, Bursche, könnt ihr einem Mann den Kopf
abschlagen?

Harlequin. Wenn der Mann ein Junggeselle ist, Herr, so kan
ich's; wenn er aber ein Ehemann ist, so ist er seines Weibes
Haupt; und ich kan unmöglich einem Weibsbild den Kopf
abschlagen.*

{ed.-* Der Spaß ligt hier in einem Wortspiel, das sich nicht
übersezen läßt.}

Kerkermeister. Laßt eure Schäkereyen, Herr, und gebt mir
eine gescheidte Antwort. Morgen früh sollen Claudio und
Bernardin sterben; wir haben hier in diesem Gefängniß
einen öffentlichen Scharfrichter, der einen Gehülfen nöthig
hat; wenn ihr euch entschliessen wollt, dieser Gehülfe zu

seyn, so wird es euch von euern Fesseln frey machen; wo nicht, so macht euch gefaßt eure volle Zeit im Gefängniß auszuhalten, und bey eurer Entlassung eine unbarmherzige Tracht Prügel mit auf den Weg zu bekommen; denn ihr wißt, daß ihr ein stadtkündiger H** Wirth gewesen seyd.

Harlequin. Herr, ich bin ein unehrlicher H** Wirth gewesen; doch, das ist nun vorbey, und man redt nicht gerne davon; ich bin es zufrieden, nun ein ehrlicher Henker zu werden; es wird mir ein Vergnügen seyn, einigen Unterricht von meinem Herrn Collegen zu erhalten.

Kerkermeister.
Holla, Abhorson! Wo ist Abhorson? (Abhorson kommt.)

Abhorson.
Ruft ihr mir, mein Herr?

Kerkermeister. Hier ist ein Kerl, der euch morgen bey Hinrichtung der Verurtheilten helfen will; wenn ihr es gut findet, so vergleicht euch mit ihm für ein Jahr, und behaltet ihn hier bey euch; wo nicht, so braucht ihn für diesesmal, und laßt ihn wieder seines Weges gehen. Er kan sich nicht beschweren, daß er mit euch in die gleiche Linie gestellt wird; er ist ein H** Wirth gewesen.

Abhorson.
Ein H** Wirth, mein Herr? Pfui, er wird unsre Kunst in einen bösen
Ruf bringen.

Kerkermeister. Geht, geht, und macht euch keinen Scrupel; ihr wägt gleich viel; eine Feder würde die Wagschalen verrüken.

(Er geht ab.)

Harlequin (zu Abhorson.)
Ich bitte euch, mein Herr, mit eurer Erlaubniß, nennt ihr eure
Beschäftigung eine Kunst?

Abhorson.
Ja, Herr, eine Kunst.

Harlequin. Mahlen, Herr, hab ich sagen gehört, ist eine Kunst, und da eure H**, welche sich sehr gut auf das Mahlen verstehen, Mitglieder meiner Zunft sind, so ist also bewiesen, daß meine Beschäftigung eine Kunst ist; aber was für eine Kunst—im Hängen seyn sollte, wenn ich gehenkt würde, kan ich mir nicht vorstellen— ** (Der Kerkermeister kommt zurük.)

{ed.-** Hier ist, nach Herrn Warbürtons Anmerkung, eine ziemliche Lüke im Original, welche auch die zwey Reden, die noch übrig sind, ganz unverständlich macht. Es verlohnt sich der Mühe nicht, diese Scene ergänzen zu wollen, da sie selbst nach Warbürtons darauf übelangewandter Arbeit ein abgeschmaktes Gewebe von albernen Wortspielen bleibt.}

Kerkermeister.
Seyd ihr mit einander übereingekommen?

Harlequin.
Herr, ich bin entschlossen, sein Knecht zu seyn; denn es däucht
mich, ein Henker zu seyn ist ein bußfertigeres Gewerbe als ein H**
Wirth zu seyn; er bittet öfter um Verzeihung.

Kerkermeister.
Macht euern Blok und euer Beil zu rechte, bis morgen um vier Uhr.

Abhorson.
Komme mit, H**bube, ich will dir zeigen wie du dich zu deinem neuen
Handwerk anschiken must; folge mir.

Harlequin. Ich bin sehr lehrbegierig, Herr; und ich hoffe, wenn ihr etwann Gelegenheit bekommen solltet, mich für euch selbst zu gebrauchen, ihr werdet mich eifrig finden; Eure Gewogenheit für mich verdient wahrhaftig keine geringere Dankbarkeit von meiner Seiten.

(Sie gehen ab.)

Kerkermeister. Ruft Claudio und Bernardin hieher; mit dem einen hab' ich Mitleiden; mit dem andren, der ein Mörder ist, nicht ein Jot, und wenn er mein Bruder wäre.

Sechste Scene.
(Claudio kommt herein.)

Kerkermeister.
Siehe hier, Claudio, dein Todesurtheil; es ist izt Mitternacht, und
bis morgen um acht Uhr must du unsterblich gemacht werden. Wo ist
Bernardin?

Claudio. So stark vom Schlaf gefesselt als ob er unschuldig wäre, und nichts zu befürchten hätte. Er wird nicht aufzuweken seyn.

Kerkermeister. Und was würd' es ihm auch helfen; er ist ein verhärteter Bube—Gut, begebt euch wieder weg und bereitet euch.

(Claudio geht ab.)

Still! was für ein Getöse ist das?—der Himmel stärke euch!—
Ich komme—Hoffentlich ist es Begnadigung, oder doch
einiger Aufschub für den wakern Claudio—Willkommen,
Vater. (Der Herzog kommt herein.)

Herzog. Die besten und heilsamsten Geister der Nacht
steigen auf euch herab, wakrer Kerkermeister! Wer klopfte
seit einiger Zeit hier an?

Kerkermeister.
Niemand, seitdem die Nachtgloke geläutet worden.

Herzog.
Nicht Isabella?

Kerkermeister.
Nein.

Herzog.
So wird sie doch nicht lange mehr ausbleiben.

Kerkermeister.
Was für Hoffnung haben wir für den Claudio?

Herzog.
Es ist noch nicht alle verlohren.

Kerkermeister.
Der Statthalter ist ein harter Mann.

Herzog. Nicht so, nicht so; sein Leben lauft mit seiner
strengen Gerechtigkeit in gleicher Linie: Mit der Enthaltung
eines Heiligen bezwingt er den Trieb in ihm selbst, dessen
Ausschweiffungen sein Amt an andern strafen muß. Ja,
dann wenn er selbst ausübte, was er an andern straft, dann
wär' er tyrannisch; aber so wie er ist, ist er gerecht—Nun

kommen sie.

(Man hört an der Thüre klopfen. Der Kerkermeister geht
hinaus.)

Dieser Kerkermeister ist ein wakrer Mann; es ist etwas
seltnes an einem Mann von seinem Beruf, ein
Menschenfreund zu seyn. Aber was giebts? Was für ein
Getöse? Das muß ein hastiger Geist seyn, der so ungestüm
an der Thüre pocht. (Der Kerkermeister kommt zurük.)

Kerkermeister. Er kan warten, bis der Wächter wieder
kommt, der ihn hineinführen soll; er ist abgeruffen worden.

Herzog. Habt ihr noch keinen Gegenbefehl wegen des
Claudio? Muß er morgen sterben?

Kerkermeister.
Keinen, ehrwürdiger Herr, keinen.

Herzog.
Es fängt schon an zu dämmern, Kerkermeister; ihr werdet,
eh es
Morgen seyn wird, mehr hören.

Kerkermeister. Wie glüklich wär's, wenn ihr etwas wißtet;
aber ich fürchte, es kommt kein Gegenbefehl; wir haben kein
solch Exempel; und zudem, so hat der Stadthalter, auf dem
Thron der Gerechtigkeit selbst, und vor den Ohren des
ganzen Volks das Gegentheil versichert.

Siebende Scene.
(Ein Bote zu den Vorigen.)

Herzog.

Dieses ist einer von Sr. Gnaden Bedienten.

Kerkermeister.
Und hier kommt Claudios Begnadigung.

Bote. Mein Gnädiger Herr überschikt euch diesen
schriftlichen Befehl, und durch mich diesen mündlichen
Zusaz, daß ihr nicht von dem kleinsten Theil desselben
abweichen sollt, weder was die Zeit, noch die andern
Umstände betrift. Guten Morgen, denn ich denke, es ist
beynahe Tag.

Kerkermeister.
Ich werde gehorchen.

(Der Bote geht.)

Herzog (für sich.) Diß ist seine Begnadigung; Angelo findet
billig eine Sünde zu vergeben die er selbst begeht—Nun,
mein Herr, was habt ihr Neues?

Kerkermeister. Was ich euch sagte; Angelo, der mich
vermuthlich für nachläßig in meinem Dienst ansieht, erwekt
mich durch dieses ungewöhnliche Betreiben; ich begreiffe
nicht was es zu bedeuten hat; denn er hat es noch niemals
so gemacht.

Herzog.
Ich bitte euch, laßt mich's hören.

Der Kerkermeister (lißt den Befehl.) "Alles was ihr auch
diesem meinem Befehl widersprechendes hören möget,
ungeachtet, lasset den Claudio morgen um vier Uhr
hinrichten, und des Nachmittags den Bernardin; und zu
meiner bessern Versicherung sorget dafür, daß mir der Kopf
des Claudio um fünf Uhr zugeschikt werde. Laßt dieses
gehörig vollzogen werden, und beobachtet hierinn eine

noch grössere Sorgfalt als wir euch anbefohlen. Eure eigne
Gefahr soll uns für die Ausübung eurer Pflicht Bürge seyn."
Was sagt ihr hiezu, mein Herr?

Herzog.
Wer ist dieser Bernardin, der Nachmittags hingerichtet
werden soll?

Kerkermeister. Ein gebohrner Zigeuner, der aber hier zu
Lande erzogen worden, und schon neun Jahre gefangen
ligt.

Herzog.
Wie kam es, daß der abwesende Herzog ihn nicht entweder
in Freyheit
sezte, oder hinrichten ließ? Ich hörte, es sey allezeit sein
Gebrauch gewesen, es so zu machen.

Kerkermeister.
Seine Freunde würkten immer einen Aufschub nach dem
andern aus; und
in der That, kam sein Verbrechen, bis izo in der Regierung
des
Freyherrn Angelo, zu keinem vollständigen Beweis.

Herzog.
Es ist also nun erwiesen?

Kerkermeister.
Vollkommen erwiesen, und von ihm selbst nicht geläugnet.

Herzog. Wie hat er sich im Gefängniß aufgeführt? Scheint er
gerührt zu seyn?

Kerkermeister. Er ist ein Mann, der sich nicht mehr vor dem
Tod fürchtet, als vor einem trunknen Schlaf; ohne Reue,
ohne Kummer und ohne Furcht vor irgend etwas

Vergangnem, Gegenwärtigen oder Zukünftigen,
unempfindlich gegen die Unsterblichkeit, und auf eine
viehische Art sterblich.

Herzog.
Es mangelt ihm an Unterricht.

Kerkermeister. Er nimmt keinen an; er hat im Gefängniß
allezeit viel Freyheit gehabt; man könnte ihm erlauben, zu
entwischen, ohne daß er es thun würde; er ist die meiste Zeit
vom Tag, und oft ganze Tage hintereinander betrunken. Wir
haben ihn oft aufgewekt, als ob wir ihn zur Hinrichtung
führen wollten, und ihm alle Zurüstungen dazu gezeigt,
ohne daß es ihn im mindesten bewegt hat.

Herzog. Hernach ein mehrers von ihm. Kerkermeister,
Redlichkeit und Standhaftigkeit sind auf eure Stirne
geschrieben; wenn ich nicht recht lese, so betrügt mich eine
Kunst, in der ich einige Erfahrenheit habe. Ich will mich
selbst auf diese gute Meynung hin wagen. Claudio, zu
dessen Hinrichtung ihr hier einen Befehl habt, ist kein
grösserer Sünder gegen das Gesez als Angelo, der ihn
verurtheilt hat. Um euch hievon durch eine
augenscheinliche Probe zu überzeugen, verlange ich nur
vier Tage Zeit; für welche ich euch um eine eben so
verbindliche als gefährliche Gefälligkeit ersuche.

Kerkermeister.
Und worinn besteht sie, ich bitte euch.

Herzog.
Den Tod des Claudio aufzuschieben.

Kerkermeister. Aber wie kan ichs, da mir die Stunde
vorgeschrieben, und der ausdrükliche Befehl bey
angedrohter Straffe gegeben ist, sein Haupt dem Angelo vor

Augen zu bringen? Die Ueberschreitung des kleinsten
Umstands könnte mir das Schiksal des Claudio zuziehen.

Herzog.
Bey meinem Ordens-Gelübde, ich steh euch für alles, wenn
ihr meinem
Rath Gehör geben wollt. Laßt diesen Bernardin morgen
hingerichtet
werden, und schiket dem Angelo seinen Kopf statt Claudios.

Kerkermeister.
Angelo hat beyde gesehen, und wird den Betrug entdeken.

Herzog. O! besorget das nicht, der Tod ist ein Meister im
Verstellen, und ihr könnt ihm noch helfen, die
Unkenntlichkeit vollkommen zu machen; scheert ihm den
Kopf glatt und den Bart weg, und sagt, der arme Sünder
hab' es vor seinem Ende so haben wollen; ihr wißt, daß es
gewöhnlich ist. Wenn ihr irgend etwas anders davon haben
werdet, als Dank und gutes Glük, so will ich, bey dem
Heiligen, von dessen Familie ich bin, es mit meinem Leben
von euch abwenden.

Kerkermeister.
Verzeihet mir, mein guter Vater, es ist wider meinen Eid.

Herzog.
Habt ihr dem Herzog geschworen, oder seinem Stadthalter?

Kerkermeister.
Dem Herzog, und allen die seine Stelle vertreten würden.

Herzog. Wollt ihr glauben, daß ihr euch nicht vergehet,
wenn der Herzog diese Handlung billiget?

Kerkermeister.
Wie kan er das, da er abwesend ist?

Herzog. Er kan es, weil er es würklich thut; da ich sehe daß ihr so furchtsam seyd, daß weder mein Habit, noch meine Redlichkeit, noch meine Ueberredung euch bewegen können, so will ich weiter gehen, als ich im Sinn hatte, um alle Furcht in euch auszureuten. Sehet, mein Herr, hier ist des Herzogs Hand und Sigel; ihr kennt ohne Zweifel seine Hand, und das Signet wird euch auch nicht fremde seyn.

Kerkermeister.
Ich erkenne beydes.

Herzog. Der Inhalt dieses Briefs ist die Wiederkunft des Herzogs. Ihr sollt ihn hernach bey Musse ganz durchlesen, ihr werdet finden, daß er binnen diesen zween Tagen hier seyn wird. Diß ist ein Umstand, den Angelo nicht weiß, denn diesen heutigen Tag erhält er Briefe von seltsamem Inhalt; vielleicht von des Herzogs Tod; vielleicht daß er in ein Kloster gegangen sey; aber, zum Glük, nichts von dem was hier geschrieben ist. Seht, der Morgen bricht schon an. Hänget der Verwunderung nicht nach, wie diese Dinge zugehen; alle Schwierigkeiten sind nur leicht, wenn man sie kennt. Ruft euern Nachrichter, und weg mit Bernardins Kopf; ich will sogleich seine Beichte hören, und ihm dann an einen bessern Ort Anweisung geben. Ich sehe daß ihr noch erstaunt seyd, aber dieses hier muß euch schlechterdings zum Entschluß bringen. Kommt mit mir, es ist schon beynahe heitrer Tag.

Achte Scene.
(Harlequin tritt auf.)

Harlequin. Ich bin hier so bekannt als ob ich daheim wäre; einer möchte denken, es wäre Frau Overdons eignes Haus, soviel von ihren alten Kundsleuten trift man hier an. Fürs erste ist hier der junge Herr Rasch, wegen einer Kleinigkeit von braunem Pfeffer und altem Ingwer, hundert und sieben und neunzig Pfund, aus denen er fünf Mark baares Geld gemacht hat: Meiner Six, der Ingwer muß damals nicht viel Abgang gefunden haben; die alten Weiber müssen alle todt gewesen seyn. Hernach ist hier ein gewisser Herr Caper, auf Ansuchen Meister Three-Pile, des Krämers, wegen etlicher Stüke Pfersichblüthfarbnen Atlas, welche Herr Caper umsonst gekauft haben möchte. Ferner der junge Schwindel, der junge Herr Kupfersporn, und Monsieur Hungerdarm der Klopffechter, und der junge Herr Lüderlich, der den braven Pudding erschlug, und Hr. Schüzen, der grosse Wanderer, und der wilde Halbkanne, der den Pott' erstochen hat, und ich denke, noch vierzig andre, lauter grosse Männer in unsrer Profession, die izt hier sind, und sehen mögen, wie sie wieder heraus kommen. (Abhorson kommt herein.)

Abhorson.
Fort, Kerl, Bring den Bernardin hieher.

Harlequin.
Monsieur Bernardin, ihr sollt aufwachen und euch hängen lassen;
Monsieur Bernardin!

Abhorson.
Holla, ho, Bernardin.

Bernardin (hinter der Scene.) Daß ihr die Kränke kriegt, ihr Hunde! Was für einen Lerm macht ihr da? Wer seyd ihr?

Harlequin. Herr, euer guter Freund, der Henker; ihr sollt so gut seyn, Herr, und aufstehen und euch erdrosseln lassen.

Bernardin (hinter der Scene.)
Geh zum T** du Schurke, geh, sag ich; ich bin schläfrig.

Abhorson.
Sag ihm, er müsse aufstehen, und das nur gleich.

Harlequin. Ich bitte euch, Monsieur Bernardin, wacht nur auf, bis ihr gehenkt seyd, und schlaft denn wieder so lang ihr wollt.

Abhorson.
Geh zu ihm hinein, und schaff ihn heraus.

Harlequin. Er kommt, Herr, er kommt; ich höre das Stroh rascheln. (Bernardin zu den Vorigen.)

Abhorson.
Ligt das Beil auf dem Blok, Kerl?

Harlequin.
Ja, Herr.

Bernardin.

Wie gehts, Abhorson? Was habt ihr Neues?

Abhorson. In gutem Ernst, Herr, ich wollte ihr würdet hurtig euer Gebet verrichten; denn, seht hier, der Befehl für eure Execution ist da.

Bernardin. Ihr Schurke, ich habe die ganze Nacht durch gesoffen, es ist mir izt ungelegen.

Harlequin.
O, desto besser, Herr; einer der die ganze Nacht trinkt, und des
Morgens bey Zeiten gehenkt wird, kan den ganzen nächsten Tag desto
ruhiger schlafen. (Der Herzog zu den Vorigen.)

Abhorson. Seht, Herr, hier kommt euer geistlicher Vater; meynt ihr noch, daß es nur Spaß sey?

Herzog. Mein Herr, da ich gehört habe, wir schnell ihr die Welt verlassen sollt, so komm ich aus Christlicher Liebe bewogen, euch vorzubereiten, zu trösten, und mit euch zu beten.

Bernardin. Frater, ich nicht; Ich habe die ganze Nacht stark getrunken, und ich will mehr Zeit zu meiner Vorbereitung haben, oder sie sollen mir das Hirn mit Knitteln ausschlagen; ich werde mich nimmermehr dazu verstehen, heute zu sterben, das ist ausgemacht.

Herzog. O, mein Herr, ihr müßt; und also bitte ich euch, bedenket die Reise wohl, die ihr zu machen habt.

Bernardin. Ich schwör euch aber, daß mich kein Mensch in der Welt überreden soll, heute zu sterben.

Herzog.

Aber ihr hört ja—

Bernardin.
Nicht ein Wort; wenn ihr mir etwas zu sagen habt, so kommt in mein
Gefängniß, denn heute soll mich niemand anders wo hin bringen.

(Er geht ab.)

Neunte Scene.
(Der Kerkermeister zu den Vorigen.)

Herzog.
Er ist ungeschikt zum Leben und zum Sterben: es ängstiget mein Herz!
aber es muß seyn—Geht ihm nach, ihr Leute, und führt ihn zu dem
Blok.

Kerkermeister.
Nun, mein Ehrwürdiger Herr, wie findet ihr den Gefangnen?

Herzog. Unbereitet und untüchtig zum Sterben; ihn in der Gemüthsfassung worinn er ist, in die andre Welt zu schiken, wäre verdammlich.

Kerkermeister. Diesen Morgen, Vater, starb hier im Gefängniß an einem hizigen Fieber ein gewisser Ragozin, ein sehr berüchtigter Räuber, ein Mann von Claudios Jahren; Bart und Haar völlig von der nemlichen Farbe; wie wenn wir diesen Ruchlosen gehen liessen, bis er sich besser anläßt, und den Statthalter mit Ragozins Haupt befriedigten, der dem Claudio ähnlicher sieht?

97

Herzog. O, diß ist ein Zufall, den uns der Himmel geschikt hat; nur hurtig zur Ausführung geschritten; die von Angelo bestimmte Stunde rükt heran; sorget davor, daß alles seinem Befehl so gemäß eingerichtet werde, daß er den Tausch nicht merken könne; indessen daß ich mich bemühen werde, diesen rohen Unglükseligen zum Tode willig zu machen.

Kerkermeister. Es soll alles sogleich geschehen, mein guter Vater; aber Bernardin muß diesen Nachmittag sterben; und wie sollen wir den Claudio länger hier behalten, ohne daß ich in Gefahr komme, wenn es bekannt wird daß er noch lebt?

Herzog.
Bringet Claudio und Bernardin jeden in irgend einen geheimen
Enthalt; eh die Sonne zweymal untergegangen seyn wird, sollt ihr
von eurer Sicherheit durch den Augenschein überzeugt werden.

Kerkermeister.
Ich gehorche euch mit Vergnügen.

Herzog.
Schnell, beschleunigt euch, und schiket dem Angelo den Kopf.

(Kerkermeister geht ab.)

Nun will ich dem Angelo neue Briefe zufertigen, aus denen er ersehen soll, daß ich nahe bey der Stadt bin, und daß wichtige Ursachen mich verbinden, einen öffentlichen Einzug zu halten; ich will ihm darinn befehlen, mir eine halbe Stunde weit vor der Stadt bis zum heiligen Brunnen entgegen zu gehen: Von da soll sich dann, nach der geheimen Veranstaltung, die wir machen werden, ein Umstand nach dem andern entfalten; und Angelo, in die Unmöglichkeit gesezt, sich loßzuwinden, soll sich selbst das Urtheil sprechen. (Der Kerkermeister kommt.)

Kerkermeister.
Hier ist der Kopf; ich will ihn selbst hintragen.

Herzog. Es ist das sicherste; beschleunigt eure Rükkunft, denn ich habe euch Sachen zu eröffnen, die keine andre Ohren brauchen als die eurigen.

Kerkermeister.
Ich will so hurtig seyn als ich kan.

(Geht ab.)

(Isabella ruft hinter der Scene.)

Herzog. Das ist der Isabella Stimme—Sie kommt sich zu erkundigen, ob ihres Bruders Begnadigung angelangt sey. Aber ich will ihr das Beste noch verhalten, damit sie desto angenehmer davon überraschet werde, wenn sie es am wenigsten erwarten kan.

Zehnte Scene.

Isabella.
Mit eurer Erlaubniß—

Herzog.
Guten Morgen, meine schöne und liebenswürdige Tochter.

Isabella. Von einem so heiligen Mann kan dieser Gruß nicht

anders als werth seyn. Hat der Stadthalter Befehl für meines Bruders Begnadigung geschikt?

Herzog. Er hat ihn von der Welt abgeruffen, Isabella; sein Kopf ist abgeschlagen, und dem Angelo zugeschikt.

Isabella.
Nein, es ist nicht so, will ich hoffen.

Herzog. Es ist nicht anders. Gebt durch eure gedultigste Gelassenheit, meine Tochter, eine Probe eurer Weisheit.

Isabella.
O, ich will zu ihm, und ihm die Augen ausreissen.

Herzog.
Ihr würdet nicht vor ihn gelassen werden.

Isabella.
Unglüklicher Claudio! Arme Isabella! Ungerechte Welt! Verdammter
Angelo!

Herzog. Diß schadet ihm nichts, und nüzt euch nicht ein Jot. Geduldet euch also, stellet eure Sache dem Himmel anheim; höret was ich euch sage; ihr werdet ganz gewiß erfahren, daß es von Sylbe zu Sylbe eine sichre Wahrheit ist. Morgen kommt der Herzog wieder heim; troknet eure Augen; ein Priester von eurem Orden, der sein Beichtvater ist, hat mir diese Nachricht gegeben: Er hat dieses dem Angelo und Escalus schon zuwissen gethan, welche sich rüsten, ihm vor die Stadt entgegen zu gehen, und ihre Gewalt zu übergeben. Wenn ihr soviel von euch selbst gewinnen könnet, meinem Rath zu folgen, so werdet ihr durch den Herzog alle Rache die euer Herz wünschen kan, an diesem Unglükseligen nehmen, und allgemeinen Ruhm davon tragen.

Isabella.
Ich überlasse mich eurer Führung.

Herzog. Uebergebet also dieses Schreiben dem Bruder Peter;
es ist eben dasjenige, worinn er mir von des Herzogs
Wiederkunft Nachricht giebt. Sagt ihm, es soll das Zeichen
seyn, daß ich ihn heute Nachts in Marianens Hause
sprechen wolle. Ich will ihm daselbst von eurer und
Marianens Sache vollkommne Wissenschaft geben; er soll
euch vor den Herzog stellen, und den Angelo ins Angesicht
anklagen und überweisen. Denn ich selbst bin durch ein
geheiligtes Gelübde genöthiget, um diese Zeit abwesend zu
seyn. Geht izt mit diesem Briefe: Fasset guten Muth, und
befehlet diese äzenden Thränen aus euern Augen. Bey der
Ehre meines heiligen Ordens, eure Sache soll einen guten
Ausgang gewinnen. Wer ist hier?

Eilfte Scene.
(Lucio zu den Vorigen.)

Lucio.
Guten Abend; Frater, wo ist der Kerkermeister?

Herzog.
Nicht hier, mein Herr.

Lucio. O! meine artige Isabella, ich bin recht von Herzen
blaß, deine schöne Augen so roth zu sehen; du must
geduldig seyn; ich muß mich auch gedulden, statt der
Mittags- und Abend-Mahlzeit mit Wasser und Brot vorlieb
zu nehmen; ich darf mich für meinen Kopf nicht
unterstehen, meinen Bauch zu füllen; eine einzige gute
Mahlzeit würde mich liefern. Aber sie sagen, der Herzog
werde morgen hier seyn. Bey meiner Treu, Isabell, ich liebte

deinen Bruder; wäre der alte phantastische Herzog anstatt der finstern Winkel, bey Hause gewesen, so lebte er noch.

(Isabella geht ab.)

Herzog. Mein Herr, der Herzog ist euch für eure Discourse von ihm ausserordentlich wenig Dank schuldig; das beste ist indessen, daß sie nicht wahr sind.

Lucio.
Frater, du kennst den Herzog nicht sowol als ich; er ist ein beßrer
Weidmann als du dir einbildest.

Herzog. Gut, ihr sollt zu seiner Zeit Red' und Antwort davor geben. Lebet wohl.

Lucio.
Nein, warte noch, ich will mit dir gehen; ich kan dir artige Histörchen von dem Herzog erzählen.

Herzog. Ihr habt mir bereits schon zuviel von ihm erzählt, wenn sie wahr sind; und sind sie es nicht, so wären gar keine schon genug.

Lucio. Ich bin einmal vor ihm gewesen, weil ich einem Menschen ein Kind gemacht hatte.

Herzog.
Thatet ihr das?

Lucio. Das denk ich, zum Henker, daß ich es that; aber ich schwur es sauber weg; mein Seel, wenn ichs nicht gethan hätte, sie hätten mich an die faule Mispel verheurathet.

Herzog. Mein Herr, eure Gesellschaft ist schöner als ehrenhaft: Bleibt ein wenig zurük oder geht voraus, wenn ich bitten darf.

Lucio. Mein Seel, ich gehe mit dir, bis die Gasse zu Ende ist; wenn dir H**jägers-Discourse ärgerlich sind, so wollen wir sparsam damit seyn; mein Seel, Frater, ich bin eine Art von Klette, ich hänge mich an.

(Sie gehen ab.)

Zwölfte Scene.
(Der Palast.)
(Angelo. Escalus.)

Escalus.
Jeder Brief den er geschrieben hat, widerspricht dem vorhergehenden.

Angelo. Seine Handlungen sehen dem Wahnwiz nur allzu gleich. Der Himmel gebe, daß sein Verstand nicht angegriffen seyn möge! Und warum sollen wir ihm vor dem Thor entgegen kommen, und unsre Ämter dort niederlegen?

Escalus.
Das kan ich nicht errathen.

Angelo. Und warum sollen wir eine Stunde vor seinem Einzug ausruffen lassen, daß wofern irgendjemand sich durch einen ungerechten Spruch beschwert zu seyn glaube, er seine Bitte auf der Strasse übergeben solle?

Escalus.
Für dieses sagt er uns seine Ursache; seine Absicht ist, allen Klagen auf einmal abzuhelfen, und uns fürs künftige gegen Beschwerungen sicher zu stellen, die hernach keine Kraft mehr gegen
uns haben sollen.

103

Angelo. Gut; ich bitte euch, laßt den Ausruf morgen bey Zeiten geschehen; ich will euch in euerm Hause abholen: Lasset es alle diejenige wissen, denen es zusteht, ihm mit uns entgegen zu gehen.

Escalus.
Ich werde nicht ermangeln, mein Herr; lebet wohl.

Angelo. Gute Nacht. Diese That entmannet mich gänzlich, macht mich unfähig zum Denken, und ungeschikt zu allem was ich thun soll? Eine geschändete Jungfrau! Und von wem? Von demjenigen, der das Gesez wider solche Verbrechen in seiner ganzen Strenge gelten machte. Allein, ausserdem daß ihre zärtliche Schaamhaftigkeit sich nicht wird überwinden können, den Verlust ihrer jungfräulichen Ehre selbst auszuruffen, was würde ihr Zeugniß gegen mich vermögen? Was ich auch sagen mag, so kan ich allemal ihrem Nein troz bieten. Mein Ansehen ist zu groß, zu befestigt, als daß irgend eine Beschuldigung von dieser Art an mir haften könnte, und nicht mit Schaam auf denjenigen zurückfiele, der meinen Ruhm anhauchen wollte— Ich hätte ihn leben lassen, wenn ich nicht besorgt hätte, seine hizige Jugend möchte dereinst seine beleidigte Ehre rächen, ohne sich mir für ein Leben verbunden zu halten, das er mit einer solchen Schande erkauffen mußte. Und doch wünschte ich, daß er noch lebte! Himmel! Wie unglüklich sind wir, wenn wir nur einmal unsrer Pflicht vergessen haben! Wie schnell reißt uns eine böse That zur andern fort! Und wie wenig bleiben wir Meister über das, was wir wollen oder nicht wollen!

(Geht ab.)

Dreyzehnte Scene.

(Eine Gegend vor der Stadt.)
(Der Herzog in seiner eignen Kleidung, und Bruder Peter.)

Herzog. Vor allen Dingen gebt diese Briefe ab, wohin sie
gehören. Der Kerkermeister weiß bereits von unserm
Vorhaben und von der Veranstaltung desselben. Wenn die
Sache einmal anhängig gemacht ist, so spielet eure Rolle
wohl, und haltet euch immer an eure besondere Instruction,
ob ihr gleich zuweilen einen kleinen Absprung machen
könnt, wenn es die Gelegenheit erfordert: Geht, suchet den
Flavius auf, und sagt ihm, wo ich anzutreffen bin; eben
diese Nachricht gebt auch dem Valentius, Roland und
Crassus, und befehlet ihnen, die Trompeten vor das Thor
bringen zu lassen. Aber schiket vorher zu dem Flavius.

Peter.
Es soll aufs schleunigste geschehen.

(Peter geht ab.)

(Varrius.)

Herzog. Ich danke dir, Varrius; du bist sehr hurtig gewesen;
Komm, wir wollen auf und abgehen; Es sind noch andre
gute Freunde, die uns hier grüssen werden, mein werther
Varrius.

(Sie gehen ab.)

Vierzehnte Scene.
(Isabella und Mariane treten auf.)

Isabella. Ich verstehe mich ungern dazu, so viele
Umschweife zu gebrauchen; ich möchte die Wahrheit sagen;

aber ihn so geradezu anzuklagen, ist eure Rolle; die meinige ist mir so vorgeschrieben; er sagt, daß es zu Erreichung unsrer Absicht nöthig sey.

Mariane.
Ueberlaßt es ihm, euch zu sagen, was ihr thun sollt.

Isabella. Er sagt mir auch, ich soll' es mir nicht seltsam vorkommen lassen, wenn er allenfalls auch auf die andre Seite, und wider mich reden sollte—

Mariane.
Ich wünschte, der Bruder Peter—

Isabella.
Stille, da kommt er ja.

(Peter zu den Vorigen.)

Peter. Kommt, ich habe einen Ort für euch ausfündig gemacht, wo ihr ganz bequem warten könnet, und wo euch der Herzog nicht entgehen kan. Die Trompeten haben schon zweymal getönt; die angesehensten Bürger haben sich schon bey dem Stadt-Thor versammelt; der Herzog ist im Anzug; wir müssen eilen.

(Sie gehen ab.)

Fünfter Aufzug.

Erste Scene.
(Ein öffentlicher Plaz nahe bey der Stadt.)
(Der Herzog, Varrius, etliche andre Edelleute, Angelo, Escalus,

Lucio und einige Bürger, treten auf verschiednen Seiten
auf.)

Herzog. Mein würdiger Vetter, ich danke euch für diesen
Willkomm; unser alter und getreuer Freund, wir sind
erfreut euch zusehen.

Angelo und Escalus.
Beglükt sey Euer Durchlaucht Wiederkunft!

Herzog.
Wir danken euch beyden von Herzen.

(Zu Angelo.)

Wir haben uns nach euch erkundiget, und wir hören so viel
Gutes von der Gerechtigkeit eurer Staatsverwaltung, daß
wir nicht umhin können, euch deßwegen öffentlichen Dank
zu erstatten, bis wir Gelegenheit haben, es auf eine
vollständigere Art zu thun.

Angelo.
Euer Durchlaucht macht meine Verpflichtungen immer
grösser.

Herzog. O! euer Verdienst redet laut, und ich würde
ungerecht gegen dasselbe seyn, wenn ich es in den Kerker
meines eignen Busens einschliessen wollte; da es würdig ist,
mit Buchstaben von Erzt gegen den Zahn der Zeit und den
Rost der Vergessenheit gesichert zu werden. Gebt mir eure
Hand, und laßt die Unterthanen sehen, wie begierig wir
sind, unsre innerliche Achtung für euch durch äusserliche
Merkmale öffentlich bekannt zu machen. Kommt, Escalus;
ihr sollt auf der andern Seite mit uns gehen, ihr habt euch
unsers Zutrauens würdig bewiesen.

(Der Herzog macht einige Schritte, als ob er weiter gehen
wollte.)

Zweyte Scene.
(Peter und Isabella zu den Vorigen.)

Peter (zu Isabella.)
Izt ist eure Zeit: Redet laut, und kniet vor ihm.

Isabella. Gerechtigkeit, Gnädigster Herr; werfet euern Blik
auf eine unglükliche, mißhandelte—Schier hätte ich gesagt,
Jungfrau: O, würdiger Fürst, entehret euer Auge nicht, es
auf einen andern Gegenstand zu richten, bevor ihr meine
gerechten Klagen angehört, und mir Recht verschaft habt.

Herzog. Was für Unrecht ist euch dann geschehen, worinn?
von wem? macht es kurz; hier ist der Freyherr Angelo, der
euch Recht schaffen wird; eröffnet euch ihm.

Isabella. O mein Gnädigster Herr! Ihr befehlet mir, Erlösung
bey dem Teufel zu suchen. Höret mich selbst an, denn das
was ich zu sagen habe, muß entweder mich straffen, wenn
ich keinen Glauben finde, oder euch Rache abnöthigen; o,
höret mich, höret mich.

Angelo. Gnädigster Herr, ich besorge, sie ist nicht recht bey
Vernunft; sie hat eine vergebliche Fürbitte für ihren Bruder
bey mir eingelegt, der nach dem Lauf der Gerechtigkeit den
Kopf verlohren hat.

Isabella.
Lauf der Gerechtigkeit!

Angelo.
Und izt wird sie in ihrer Verbitterung seltsame Reden

108

ausstossen.

Isabella. Höchst seltsame; aber nur allzuwahr ist es, was ich sagen werde; daß Angelo ein meyneydiger Mann ist, ist das nicht seltsam? daß Angelo ein Mörder ist, ist das nicht seltsam? daß Angelo ein ehebrechrischer Räuber, ein Heuchler, ein Jungfrauen-Schänder ist? ist das nicht seltsam, und abermal seltsam?

Herzog.
In der That, es ist zehenmal seltsam.

Isabella. Und doch ist es nicht wahrer, daß er Angelo ist, als daß alles dieses so wahr ist, als es seltsam ist; ja, es ist zehenmal wahrer; denn Wahrheit ist am Schluß allemal Wahrheit.

Herzog. Schaft sie hinweg, die arme Seele; sie sagt das in der Verrükung ihres Gehirns.

Isabella. O Fürst ich beschwöhre dich, wenn du anders glaubest daß noch ein andrer Trost ist als diese Welt, verachte mich nicht, in der Meynung, daß ich nicht bey gesunder Vernunft sey. Mache nicht unmöglich, was nur unbegreiflich scheint; es ist nicht unmöglich, daß der ärgste Bube im Herzen von aussen so spröde, so ernsthaft, so gerecht, so unsträflich scheinen kan, als Angelo; gleichergestalt kan Angelo, mit allen seinen Masken, Charactern, Titeln und Anscheinungen, doch nur ein Erz-Bösewicht seyn; Glaubet mir, gnädigster Herr, er ist es; wenn er weniger ist, so ist er gar nichts; aber er ist mehr, wenn ich Namen für seine Boßheit hätte.

Herzog. Bey meiner Ehre, wenn sie unsinnig ist, wie ich nicht anders glaube, so hat doch ihr Unsinn die seltsamste Gestalt von Vernunft; so viel Zusammenhang in allem was sie spricht, als ich jemals in den Reden eines Wahnwizigen gehört habe.

Isabella. Gnädigster Herr, bleibet doch nicht immer auf dieser Einbildung; verwerfet die Vernunft nicht, weil sie unwahrscheinliche Dinge sagt; sondern bedient euch der eurigen, die Wahrheit ans Licht zu ziehen, wo sie verborgen scheint, anstatt den Irrthum zu verbergen, weil er Wahrheit scheint.

Herzog.
Manche, die nicht wahnwizig sind, haben, wahrhaftig, weniger
Vernunft—Was wollt ihr dann sagen?

Isabella. Ich bin die Schwester eines gewissen Claudio, der wegen der Sünde der Hurerey verurtheilt wurde, den Kopf zu verliehren; Angelo war es, der ihn verurtheilte: Ich, die im Begriff bin meine Probzeit in einem Kloster zu vollenden, wurde von meinem Bruder zu ihm geschikt; ein gewisser Lucio, von dem ich die Nachricht hatte—

Lucio. Das bin ich, mit Euer Durchlaucht Erlaubniß; Claudio hatte mich zu ihr geschikt, um sie zu bewegen, daß sie versuchen sollte, durch ihre rührende Fürbitte die Begnadigung ihres Bruders auszuwürken.

Isabella.
Er ist es, in der That.

Herzog (zu Lucio.)
Man hat euch nicht befohlen zu reden.

Lucio.
Nein, Gnädigster Herr, noch gewünscht daß ich schweigen möchte.

Herzog. Ich wünsch euch's also izt; seyd so gut und merkt euch das; und wenn ihr Gelegenheit bekommt für euch selbst zu sprechen, so bittet den Himmel, daß ihr alsdenn nicht verstummen möget.

Lucio.
Dafür steh' ich Euer Gnaden.

Herzog.
Es wird sich zeigen.

Isabella.
Dieser Edelmann erzählte etwas von meiner Geschichte.

Lucio.
So ists.

Herzog. Es mag so seyn, aber ihr sollt nicht eher reden bis die Reyhe an euch kommt. Weiter!

Isabella.
Ich gieng also zu diesem verderblichen gottlosen Stadthalter.

Herzog.
Das ist ein wenig wahnwizig gesprochen.

Isabella.
Vergebet mir, der Ausdruk ist der Materie gemäß.

Herzog.
Wieder verbessert—der Materie—Nur weiter.

Isabella. Kurz, um die unnöthigen Umstände zu übergehen, wie viel Vorstellungen ich ihm gemacht, wie sehr ich gebeten, wie ich ihm zu Fusse gefallen, was er mir entgegengesezt, und wie ich ihm geantwortet, denn dieses daurte sehr lang—ich will den Anfang damit machen, womit dieser Auftritt sich beschloß, wenn ich es anders vor

111

Schmerz und Schaam heraussagen kan. Er beharrte darauf, daß er meinen Bruder unter keiner andern Bedingung losgeben wollte, als wenn ich meinen jungfräulichen Leib seiner unkeuschen Begierde überlassen würde; und nach vielem Wortwechsel übertäubte endlich das schwesterliche Mitleiden die Stimme der Ehre, und ich gab nach: Aber den folgenden Morgen früh, nachdem er seinen Zwek erhalten hatte, schikt' er Befehl, daß meinem Bruder der Kopf abgeschlagen werden sollte.

Herzog (spöttisch.)
Das ist sehr wahrscheinlich!

Isabella.
O möcht es so scheinbar* seyn, als es wahr ist.

{ed.-* Der Sinn dieser Rede besteht in einem Spiel mit dem Wort (like), welches der Herzog für wahrscheinlich, und Isabella für artig oder anständig gebraucht; denn es hat beyde Bedeutungen.}

Herzog. Beym Himmel, du wahnwiziger Tropf, du weist nicht was du sprichst, oder du bist durch boshafte Künste gegen seine Ehre aufgestiftet worden. Fürs erste, so ist er ein Mann, dessen Tugend ausser Zweifel ist. Zweytens ist es wider alle Vernunft, daß er eine Vergehung, deren er sich selbst schuldig gemacht, so hart an einem andern gestraft haben sollte; hätte er sich so vergangen, so würde er deinen Bruder nach sich selbst gemessen, und ihm seinen Kopf gelassen haben. Ihr seyd von jemand aufgestiftet worden; Gesteht die Wahrheit, und sagt, auf wessen Anrathen habt ihr diese Anklage hier vorgebracht?

Isabella. Und ist das alles? O dann, so verleihet mir Geduld, ihr Heiligen dort oben! und entdeket zu seiner Zeit die Uebelthat, die hier in partheyische Gunst eingehüllet wird!

Der Himmel bewahre Euer Durchlaucht so gewiß vor
Unfall, als es wahr ist, daß ich das Unrecht erlitten habe, ob
ich gleich keinen Glauben finde.

Herzog. Das glaube ich, daß ihr gerne davon gehen
möchtet. Einen Stadtbedienten, ins Gefängnis mit ihr.
Sollten wir gestatten, daß eine Person die uns so nahe ist,
ungestraft so ärgerlich angeschmizt werden dürfte? Das
muß nothwendig eine angestellte Sache seyn. Wer weiß mit
von euerm Vorhaben und Hieherkommen?

Isabella.
Einer den ich gerne hieher wünschen möchte, der Pater
Ludewig.

Herzog.
Ein Ordensmann, wie es scheint; wer kennt diesen
Ludewig?

Lucio. Gnädigster Herr, ich kenn' ihn; es ist ein Mönch, der
seine Nase in alles stekt, ich kan ihn nicht leiden; wär er ein
Lay gewesen, Gnädigster Herr, ich wollte ihn wegen einiger
Reden, die er wider Euer Durchlaucht, in Dero Abwesenheit
ausgestossen hat, abgeschmiert haben, daß er es gefühlt
hätte.

Herzog. Reden wider mich? Das ist ein feiner Ordensmann,
dem Ansehen nach; und dieses unglükliche Weibsbild wider
unsern Stadthalter aufzustiften! Laßt diesen Mönchen
aufsuchen.

Lucio.
Erst noch in verwichner Nacht, traf ich sie und diesen
Mönch im
Gefängniß bey einander an; eine unverschämte Kutte, wie
gesagt, ein

113

recht boshafter Geselle.

Peter. Mit Euer Durchlaucht gnädigster Erlaubniß, ich stand dabey, und ich hörte genug um zu sehen, wie sehr euer königliches Ohr mißbraucht wird. Fürs erste; so hat dieses Weibsbild euern Stadthalter höchst frefelhafter Weise angeklagt; er ist so rein von einiger Besudlung mit ihr, als sie von einem, der noch nicht gebohren ist.

Herzog. Ich glaube auch nichts anders. Kennt ihr diesen Pater Ludewig, von dem sie spricht?

Peter. Ich kenn ihn als einen heiligen Mann; nicht boshaft, nicht fürwizig sich in zeitliche Dinge einzumischen, wie dieser Edelmann gesagt hat; und ein Mann, bey meiner Treue, der niemals, wie er vorgiebt, von Euer Durchlaucht ungebührlich gesprochen hat.

Lucio.
Gnädigster Herr, auf eine ganz infame Art; glaubet mir.

Peter. Gut; er kan noch zeitig genug kommen sich zu rechtfertigen; aber in diesem Augenblik, Gnädigster Herr, ist er an einem wunderbaren Fieber krank. Bloß auf sein Bitten (da es bekannt wurde, daß hier eine Klage wieder den Freyherrn Angelo angestellt werden sollte) bin ich hieher gekommen, um aus seinem Munde zu sagen, was er von der Sache weiß, und was er, wenn er vorgeladen werden sollte, mit seinem Eyde zu bekräftigen im Stand ist. Was anforderst dieses Weibsbild betrift, so sollt ihr, zur Rechtfertigung dieses würdigen Herrn, der auf eine so öffentliche und persönliche Art von ihr beschimpft wird, hören wie sie vor euern Augen dergestalt wird überwiesen werden, daß sie es selbst wird eingestehen müssen.

Herzog.

Mein guter Pater; laßt's uns hören. Lächelt ihr nicht über diese

Begebenheiten, Angelo? Himmel! Was für eine Unbesonnenheit von

diesen unglüklichen Thoren!—Gebt uns Size; kommt, mein Vetter

Angelo; ich will an dieser Sache keinen Theil nehmen; seyd ihr

Richter in eurer eignen Sache.

(Isabella wird mit einer Wache weggeführt, und Mariane tritt mit einem Schleyer bedekt auf.)

Dritte Scene.

Herzog. Ist das der Zeuge, Pater? Sie mag zuerst ihr Gesicht sehen lassen, eh sie spricht.

Mariane. Um Vergebung, Gnädigster Herr; ich lasse mein Gesicht nicht sehen, ausser mein Gemahl beföhl' es mir.

Herzog.
So seyd ihr verheurathet?

Mariane.
Nein, Gnädigster Herr.

Herzog.
Seyd ihr ein Mädchen?

Mariane.
Nein, Gnädigster Herr.

Herzog.
Eine Wittwe also?

Mariane.
Auch das nicht, Gnädigster Herr.

Herzog.
Wie, seyd ihr denn nichts? Weder Mädchen, noch Frau,
noch Wittwe?

Lucio.
Gnädigster Herr, sie ist vielleicht eine Pf** Köchin —

Herzog. Macht doch diesen Kerl schweigen; ich wollte, er
hätte etwas mit sich selbst zu dahlen.

Lucio.
Gut, Gnädigster Herr.

Mariane. Gnädigster Herr, ich gesteh's, ich bin nie
verheurathet gewesen; ich gesteh auch zugleich, daß ich
kein Mädchen bin; ich habe meinen Gemahl gekannt, aber
mein Gemahl weiß nicht, daß er mich jemals gekannt hat.

Lucio.
So war er also betrunken, Gnädigster Herr, es kan nicht
anders seyn.

Herzog.
Ich wollte du wär'st es auch, so schwiegest du doch
wenigstens.

Lucio.
Gut, Gnädigster Herr.

Herzog.
Das ist keine Zeugin für den Freyherrn Angelo.

Mariane. Ich komme nun dazu, Gnädigster Herr. Das
Frauenzimmer, das ihn beschuldiget, daß er sie entehrt habe,

klagt dadurch meinen Gemahl an, indem sie vorgiebt, daß es zu einer Zeit geschehen sey, von der ich behaupte, daß ich ihn mit allen Würkungen der Liebe in meinen Armen hatte.

Angelo.
Beschuldiget sie jemand mehr als mich?

Mariane.
Nicht daß ich wüßte.

Herzog.
Nicht? Ihr sagt, euer Gemahl?

Mariane. So ist es, Gnädigster Herr, und der ist Angelo; der sich einbildt, er wisse gewiß, daß er mich nie berührt habe, aber gewiß weiß, daß er sich einbildt, es sey Isabella gewesen.

Angelo.
Das heißt die Bosheit weit getrieben; laß dein Gesicht sehen!

Mariane.
Mein Gemahl befiehlt es, nun will ichs thun.

(Sie nimmt ihren Schleyer ab.)

Siehe hier, du grausamer Angelo, siehe das Gesicht, welches einst, wenn deine Schwüre Glauben verdienten, werth war angesehen zu werden; dieses ist die Hand, die durch einen feyerlichen Ehverspruch in die deinige geschlossen wurde; diß ist der Leib, der das Versprechen der Isabella bezahlte, und in deinem Gartenhaus ihre eingebildete Person vorstellte!

Herzog (zu Angelo.)
Kennt ihr dieses Frauenzimmer?

Lucio.

Fleischlicher Weise, sagt sie.

Herzog.
Schlingel, kein Wort mehr.

Lucio.
Genug, Gnädigster Herr.

Angelo. Gnädigster Herr, ich muß gestehen, daß ich dieses Frauenzimmer kenne. Vor ungefehr fünf Jahren wurde eine Verbindung zwischen mir und ihr in Vorschlag gebracht, die sich aber wieder zerschlug, theils weil ihr Vermögen sich weit geringer befand als man es angegeben hatte; vornemlich aber, weil der Ruf einer unvorsichtigen Aufführung ihre Ehre zweifelhaft machte. Seit diesem bezeuge ich bey meiner Ehre und Treue, daß ich sie binnen fünf Jahren weder gesehen, noch mit ihr gesprochen, noch von ihr gehört habe.

Mariane. Grosser Fürst, so gewiß als das Licht vom Himmel, und Worte vom Athem kommen; so gewiß als Vernunft in der Wahrheit, und Wahrheit in der Tugend ist; so gewiß bin ich, in Kraft der feyerlichsten Gelübde, dieses Mannes verlobtes Weib: Und nur erst in verwichner Dienstags-Nacht, in seinem Garten-Hause, erkannte er mich wie ein Weib. So wahr als diß ist, möge ich gesund von meinen Knien wieder aufstehen, oder wo nicht, auf ewig hier als ein marmornes Denkbild stehen bleiben.

Angelo.
Ich lächelte bisher nur; aber nun, Gnädigster Herr, muß ich Euer
Durchlaucht bitten, mir Recht zu schaffen. Meine Geduld geht zu
Ende; ich sehe, daß diese armen einfältigen Weibsbilder nur die

118

Werkzeuge einer verborgnen und mächtigern Hand sind, die sie in

Bewegung sezt. Verstattet mir, Gnädigster Herr, daß ich mich

bemühe, auf den Grund dieses Complots zu kommen.

Herzog. Von Herzen gern, und die Schuldigen so hart als ihr wollt, abzustraffen. Du thörichter Mönch und du boshaftes Weibsbild, denkt ihr, eure Eydschwüre selbst, und wenn sie alle Heiligen persönlich herabschwören würden, wären ein hinlängliches Zeugniß gegen sein bewährtes und so lange festgesextes Ansehen? Escalus, sezet euch mit meinem Vetter, und leihet ihm eure freundschaftliche Mühe, die Quelle dieser schändlichen Verläumdungen zu entdeken. Es ist noch ein andrer Mönch, der sie aufgestiftet hat; laßt ihn herbeyschaffen.

Peter. Ich wünschte, Gnädigster Herr, er wäre hier; denn in der That ist er derjenige, der diese Frauenzimmer aufgemuntert, diese Klagen anhängig zu machen. Euer Kerkermeister kennt den Ort, wo er sich aufhält, und kan ihn holen.

Herzog. Geht, thut es augenbliklich; und ihr, mein edler und würdiger Vetter, dem am meisten daran ligt, diese Sache genauer zu untersuchen, verfahret nach euerm Gutdünken in Bestrafung der Schuldigen. Ich will euch für eine Weile verlassen; aber bleibt ihr so lange zurük, bis ihr die Bosheit dieser Verläumder völlig zu Schanden gemacht habt.

(Er geht ab.)

Vierte Scene.

Escalus. Gnädigster Herr, wir wollen nichts ermangeln
lassen. Herr Lucio, sagtet ihr nicht, ihr kennet diesen Frater
Ludewig für einen Mann von schlechter Aufführung?

Lucio.
(Cucullus non facit Monachum;) es ist nichts ehrwürdig an
ihm als
seine Kutte; er hat auf eine höchst infame Art von der
Person des
Herzogs gesprochen.

Escalus.
Wir ersuchen euch, hier zu bleiben, bis er kommt, und ihn
dessen zu
überweisen; es wird sich finden, daß dieser Mönch ein
schlimmer
Vogel ist.

Lucio.
Als irgend einer in Wien, auf mein Wort.

Escalus. Ruft diese Isabella wieder hieher; ich möchte mit ihr
reden; ich bitte euch, Gnädiger Herr, erlaubet mir, sie
abzuhören; ihr sollt sehen wie ich sie behandeln werde.

Lucio (vor sich.)
Ich denke nicht besser als er, nach ihrer eignen Aussage.

Escalus.
Wie beliebt?

Lucio. Mein Seel, ich denke mein Herr, wenn ihr sie ohne
Zeugen behandeln würdet, sie würde schneller bekennen;
vielleicht schämt sie sich, es so vor allen Leuten zu thun.
(Der Herzog in Mönchshabit, und der Kerkermeister;
Isabella wird herbeygeführt.)

Escalus.
Ich will ernstlich mit ihr zu Werke gehen. Ein wenig näher Madam;
Hier ist ein Frauenzimmer, das allem widerspricht, was ihr gesagt
habt.

Lucio. Gnädiger Herr, hier kommt der Schurke, von dem ich sagte, hier mit dem Kerkermeister.

Escalus.
Er kommt eben recht; sagt ihr nichts zu ihm, bis wir euch aufruffen.

Lucio.
Nein!—

Escalus. Kommt, Herr, seyd ihr derjenige, der diese Weibsbilder aufstiftete, den Freyherrn Angelo zu verläumden? Sie haben bekennt, daß ihr es seyd.

Herzog.
Es ist nicht wahr.

Escalus.
Wie? Wißt ihr auch wo ihr seyd?

Herzog. Den Respect vor eurer hohen Würde vorbehalten, der Teufel selbst kan manchmal um seines brennenden Throns willen geehrt werden. Wo ist der Herzog? Er soll mich hören, wenn ich reden soll.

Escalus. Der Herzog ist in uns, und wir wollen euch reden hören; sehet zu, daß ihr die Wahrheit sagt.

Herzog. Ganz ungescheut. Aber, o ihr armen Seelen, kommt ihr, das Lamm hier von dem Fuchs zu fordern? Gute Nacht

eurer Satisfaction! Wenn der Herzog weggegangen ist, so ist
eure Sache verlohren. Der Herzog handelt unbillig, eure
Appellation an ihn so abzuweisen, und die Untersuchung
eurer Sache dem Bösewicht zu überlassen, den ihr
anzuklagen gekommen seyd.

Lucio.
Da haben wir den Schurken; es ist der von dem ich sagte.

Escalus. Wie, du unehrwürdiger und unheiliger Mönch, ist
es dir nicht genug, daß du diese Weibsleute heimlich
gewonnen hast, diesen würdigen Mann anzuklagen;
unterstehst du dich noch, ihn unverschämter Weise und vor
seinen eignen Ohren einen Bösewicht zu nennen? ja von
ihm auf den Herzog selbst zu fallen, und ihn der
Ungerechtigkeit zu beschuldigen? Führt ihn fort; an die
Folter mit ihm; wir wollen dir eher Glied für Glied
verzetteln, eh du uns dein Vorhaben abläugnen sollst. Was?
Ungerecht?

Herzog. Nicht so hizig; der Herzog hat so wenig das Herz,
einen Finger von mir streken zu lassen, als seinen eignen:
Ich bin sein Unterthan nicht, ich stehe auch nicht unter der
hiesigen Provinz; meine Geschäfte in diesem Staat gaben mir
Gelegenheit, auf das was hier in Wien vorgeht Acht zu
geben; ich habe gesehen, wie die Verderbniß der Sitten siedet
und strudelt, bis der Kessel überlauft; Geseze gegen alle
Verbrechen; aber Verbrechen, die so vorsichtig begangen
werden, daß sie der Geseze spotten.

Escalus.
Er schmäht den Staat, weg mit ihm ins Gefängniß.

Angelo. Was habt ihr wider ihn vorzubringen, Herr Lucio?
Ist das der Mann, von dem ihr uns erzählet?

Lucio. Er ists, Gnädiger Herr; kommt näher, guter Freund Kahlkopf; kennt ihr mich?

Herzog.
Ich erinnre mich eurer am Ton eurer Stimme; ich traf euch währender
Abwesenheit des Herzogs im Gefängniß an.

Lucio.
So, traft ihr mich an? und erinnert ihr euch noch, was ihr von dem
Herzog sagtet?

Herzog.
Vollkommen, mein Herr.

Lucio.
Vollkommen, mein Herr? Und war denn der Herzog ein Hurenjäger, ein
Gek, ein Hasenfuß, wie ihr sagtet?

Herzog. Ihr müßt erst eure Person mit mir tauschen, eh ihr mich das sagen lassen könnt; ihr sagtet das von ihm, und noch ärgers.

Lucio. O du verruchter Geselle! Zog ich dich nicht bey der Nase, wie du so redtest?

Herzog.
Ich versichre, daß ich den Herzog so sehr liebe als mich selbst.

Angelo. Hört ihr, wie der Bube sich wieder heraushalftern möchte, nachdem er so verräthrische Reden ausgestossen hat?

Escalus. Mit einem solchen Kerl muß man sich nicht

einlassen; weg mit ihm ins Gefängniß; wo ist der
Kerkermeister? weg mit ihm ins Gefängniß; legt ihm Fesseln
an; laßt ihn nicht mehr reden; weg mit diesen Mezen, ins
Gefängniß, und mit den übrigen Zusammenverschwornen.

Herzog.
Haltet, mein Herr, haltet noch ein wenig.

Angelo.
Wie? er widersezt sich? helft ihm, Lucio.

Lucio. Kommt, mein Herr; hey da, Herr, kommt, ein wenig
hieher, mein Herr; wie? du kahlköpfichter lügenhafter
Schurke; du must um einen Kopf kürzer gemacht werden;
gelt, du must? Zeig dein Schelmengesicht, daß du die Kränke
kriegest; zeig dein bißiges Schaafs-Gesicht, und laß dich in
einer Stunde hängen: Willt du nicht fort?

(Er reißt die Mönchs-Kutte ab, und entdekt den Herzog.)

Herzog.
Du bist der erste Spizbube, der jemals einen Herzog gemacht
hat.
Fürs erste, Kerkermeister, laß mich für diese drey wakern
Leute
Bürge seyn—Schleicht euch nicht hinweg, junger Herr,
denn der
Frater und ihr haben noch ein Wort mit einander zu
sprechen; macht
ihn feste.

Lucio.
Das kan noch ärger werden, als hängen.

Herzog (zu Escalus.) Was ihr gesprochen habt, soll
vergeben seyn; Sezt euch; wir wollen einen Plaz von diesem
Herrn da borgen.

(Zu Angelo.)

Mit eurer Erlaubniß, mein Herr — Hast du Worte, oder Wiz, oder Unverschämtheit, die dir noch Dienste thun können? Wenn du hast, so stüze dich darauf, bis ich meine Erzählung gemacht habe, und halte dann noch aus, wenn du kanst.

Angelo. O mein furchtbarer Fürst, ich müßte schuldiger seyn als meine Schuld, wenn ich hoffen wollte verborgen zu bleiben, da ich merke, daß Euer Durchlaucht, gleich einer unsichtbaren Gottheit, meine Tritte beobachtet hat: Lasset also, Gnädigster Herr, kein längeres Gericht über meine Schande gehalten werden, mein eignes Bekenntniß macht alle Untersuchung überflüssig; ein unmittelbares Urtheil und der Tod, ist alle Gnade, um die ich bitte.

Herzog.
Kommt hieher, Mariane! Sprich, warst du jemals mit diesem Frauenzimmer verlobt?

Angelo.
Ich war, Gnädigster Herr.

Herzog. So nimm sie hier, und heurathe sie diesen Augenblik; verrichtet ihr die Ceremonie, Pater; wenn sie vorbey ist, so bringt ihn wieder hieher: Geht mit ihm, Kerkermeister.

(Angelo, Mariane, Peter und Kerkermeister gehen ab.)

Fünfte Scene.

Escalus. Gnädigster Herr, ich bin mehr über seine Schande bestürzt, als über die Seltsamkeit der Sache.

Herzog.
Tretet näher, Isabella; euer Frater ist nun euer Fürst, ich war in
jener Person euer getreuer Freund und Rathgeber, und, ohne mein
Herz mit meinem Anzug zu verändern, werde ich allezeit zu euerm
Dienst gewidmet bleiben.

Isabella. O! vergebet mir, mein gnädigster Herr, daß ich, eure
Vasallin, eure unerkannte Hoheit beschäftigt und bemühet
habe.

Herzog. Es ist euch vergeben, Isabella; und nun, theures
Mädchen, lasset mir das gleiche Recht wiederfahren. Ich
weiß es, euers Bruders Tod ligt schwer auf euerm Herzen,
und ihr werdet euch wundern, warum ich mich begnügt,
verborgner Weise seine Rettung zu suchen, und nicht lieber
meine verkleidete Macht plözlich zu erkennen gegeben, als
ihn so verlohren gehen zu lassen; aber wisset,
liebenswürdigstes Geschöpf, daß nichts als die zuschnelle
Vollziehung seines Todesurtheils, von der ich dachte, daß sie
später erfolgen würde, meinem Vorsaz zuvoreilte; doch
Friede sey über ihn! Das Leben ist das Beste, das sich vor
keinem Tode mehr fürchten muß; tröstet euch damit; euer
Bruder ist glüklich.

Isabella.
Ich thu es, Gnädigster Herr.

Sechste Scene.
(Angelo, Mariane, Peter und Kerkermeister zu den Vorigen.)

Herzog (zu Isabella.) Was diesen neuvermählten Mann, der

126

hier wieder zurük kommt, betrift, dessen üppige Einbildungskraft eure wolvertheidigte Ehre beleidigt hat, so vergebt ihm um Marianens willen: Allein in sofern er, der eines doppelten Verbrechens, der verlezten Keuschheit und des gebrochnen Versprechens, sich schuldig wußte, euerm Bruder das Todes-Urtheil sprach, so ruft selbst die Barmherzigkeit des Gesezes mit lauter Stimme, und aus seinem eignen Munde, Angelo für Claudio, Tod für Tod, Gleiches für gleiches, und Maaß für Maaß.

(Er wendet sich zum Angelo.)

Angelo, deine Verbrechen sind so offenbar, daß du sie nicht läugnen könntest, wenn du auch wolltest; wir verurtheilen dich also, auf eben demselben Blok dein Leben zu verliehren, worauf Claudio sich zum Tod bükte, und mit eben solcher Eile. Hinweg mit ihm.

Mariane. O! mein Gnädigster Herr, ich hoffe Euer Durchlaucht hat mir nicht zum Scherz einen Gemahl gegeben.

Herzog. Ich hielt eure Vermählung nur nöthig, um eure Ehre sicher zu stellen, und einen Vorwurf von euch abzuwenden, der euerm künftigen Glük im Wege gestanden wäre; was seine Güter betrift, so sezen wir, ob sie gleich durch Confiscation unser wären, euch in den Besiz davon, und machen sie zu euerm Witthum, damit ihr einen bessern Gemahl kauffen könnet.

Mariane. O Mein theurester Fürst, ich verlange keinen andern und keinen bessern Mann.

Herzog.
Bittet nicht für ihn, unser Schluß ist gefaßt.

Mariane.

Mein gnädigster Herr—

Herzog.
Ihr verliehrt nur eure Mühe—weg mit ihm zum Tode.

(Zu Lucio.)

Nun, mein Herr, kommt die Reyhe an euch.

Mariane. O! mein gnädigster Herr! O! theurste Isabella,
kommet mir zuhülfe; lehnt mir eure Knie, und mein ganzes
künftiges Leben soll zu eurem Dienst gewidmet seyn.

Herzog. Was ihr von ihr fordert ist unbillig, und wider die
Natur; sollte sie niederknien, um für eine solche That
Erbarmung zu erflehen, ihres Bruders Geist würde sein
Grab durchbrechen, und sie in Schreknissen von hinnen
reissen.

Mariane. Isabella, liebste Isabella, kniet doch mit mir hin;
breitet eure Hände aus, redet nichts, ich will alles sagen. Die
besten Menschen, sagt man, werden erst durch die Fehler
die sie gemacht haben, vollkommen; dieses kan auch meines
Mannes Fall seyn. O Isabella, wollt ihr nicht mit mir knien?

Herzog.
Er stirbt für Claudios Tod.

Isabella (kniend.) Gütigster Fürst, sehet, wenn es euch
gefällt, auf diesen verurtheilten Mann, als ob er mein Bruder
wäre; ich glaube, ich hoffe es, seine Tugend war aufrichtig,
bis er mich sah; wenn dieses ist, so laßt ihn nicht sterben.
Meinem Bruder ist nichts als Gerechtigkeit widerfahren; er
starb für eine Sünde, die er würklich ausgeübt hatte; Angelo
sündigte nur durch einen Vorsaz der nicht zur Vollziehung
kam; Gedanken sind dem Gesez nicht unterworffen, und
Vorsäze sind blosse Gedanken.

128

Mariane.
Blosse Gedanken, Gnädigster Herr.

Herzog. Eure Fürbitte ist fruchtlos; stehet auf, sage ich. Ich habe mich indessen eines andern Fehlers erinnert. Kerkermeister, wie kam es, daß Claudio zu einer ungewöhnlichen Stunde enthauptet wurde?

Kerkermeister.
Es wurde so befohlen.

Herzog.
Hattet ihr einen Richterlichen Befehl deßwegen?

Kerkermeister.
Nein, Gnädigster Herr, es geschah auf eine privat-Botschaft.

Herzog.
Und deßwegen entseze ich euch eures Amts; gebt die Schlüssel ab.

Kerkermeister. Vergebet mir, Gnädigster Herr; ich dachte gleich, es möchte ein Fehler seyn, doch wußte ichs nicht gewiß; aber es reuete mich, da ich mich besser erkundigt hatte; und der Beweiß hievon ist dieses, daß ich einen gewissen Gefangnen, der kraft eines privat-Befehls sterben sollte, noch habe leben lassen.

Herzog.
Wer ist er?

Kerkermeister.
Er nennt sich Bernardin.

Herzog. Ich wollte, du hättest dieses beym Claudio gethan; geht, holt ihn hieher, ich will ihn sehen.

Escalus.

Es ist mir leid, daß ein so gelehrter und weiser Mann, als ihr,
Freyherr Angelo, allezeit geschienen habt, beydes durch Hize des
Bluts und Mangel einer klugen Ueberlegung, so grosse Fehltritte
gemacht habt.

Angelo. Mir ist leid, daß ich euch dieses Leid verursache, und ich fühle mein Verbrechen so sehr, daß ich mit grösserm Verlangen um den Tod flehe als um Gnade: Ich habe ihn verdient, und ich bitte darum.

Siebende Scene.
(Der Kerkermeister, Bernardin, Claudio und Juliette zu den Vorigen.)

Herzog.
Welcher ist dieser Bernardin, von dem ihr sprachet?

Kerkermeister.
Dieser, Gnädigster Herr.

Herzog. Ein gewisser Mönch sagte mir von diesem Manne; Kerl, man sagt du habest eine verstokte Seele, die nach dieser Welt nichts fürchte, und du lebest dieser Denkungsart gemäß; du bist zum Tode verurtheilt; doch will ich dir die Strafe nachlassen, die deine Verbrechen in dieser Welt verdient haben; ich bitte dich, wende diese Gnade dazu an, für eine bessere Zukunft besorgt zu seyn; Frater, gebt ihm Anleitung dazu, ich übergebe ihn in eure Hände. Was für ein vermummter Geselle ist das?

Kerkermeister. Es ist ein andrer Gefangner, den ich rettete

und welcher sterben sollte, als Claudio den Kopf verlohr; er gleicht dem Claudio so sehr als sich selbst.

Herzog (zu Isabella.) Wenn er euerm Bruder gleicht, so sey er um euertwillen begnadiget, und um euers liebenswürdigen Selbst willen, gebt mir eure Hand, und sagt ihr wollt mein seyn, so ist er mein Bruder dazu; doch hievon zu gelegnerer Zeit. Angelo siehet hieraus, daß er nichts mehr zu besorgen hat; mich däucht ich sehe einen Schimmer von Hoffnung in seinen Augen. Gut, Angelo, ihr habt euer Vergehen abgebüßt; liebet eure Gemahlin, ihr Werth ergänzt den Eurigen. Ich finde mich heut ungemein aufgelegt zur Nachsicht, und doch ist hier einer, dem ich nicht verzeihen kan.

(Zu Lucio.)

Ihr, frecher Bursche, der mich für einen Geken, eine Memme, einen lüderlichen Bruder, einen Esel, einen Wahnwizigen kennet, womit hab ich um euch verdient, daß ihr mich so erhebet?

Lucio. Bey meiner Seele, Gnädigster Herr, ich sagt' es nur, weil es Mode ist, böses von den Leuten zu sagen; wenn Euer Durchlaucht mich deswegen hängen lassen will, so muß ich es leiden; aber ich wollte lieber, daß es euch gefallen möchte, mir den Staupbesen geben zu lassen.

Herzog. Den Staupbesen zuerst, Herr, und hernach den Galgen. Kerkermeister, laßt durch die ganze Stadt ausruffen, wenn irgend ein Weibsbild sey, die sich über diesen Gesellen zu beschweren habe, (wie ich ihn dann selbst habe sagen gehört, es sey eine schwanger von ihm,) so soll sie sich darstellen, und er soll sie heurathen; wenn die Hochzeit vorbey ist, so laßt ihn peitschen und aufhängen.

Lucio.

Ich bitte Euer Durchlaucht, mich nicht an eine H** zu verheurathen;

Euer Durchlaucht sagte nur erst, ich habe euch zum Herzog gemacht;

Mein Gnädigster Herr, belohnet mich nicht so übel dafür, und macht

mich zu einem Hahnrey.

Herzog. Bey meiner Ehre, du sollst sie heurathen. Deine Schmähungen und alle deine übrigen Uebelthaten sollen dir vergeben seyn; führt ihn indessen ins Gefängniß, und sehet, daß mein Wille hierinn vollzogen werde. Ihr, Claudio, säumet euch nicht, dem Frauenzimmer, das ihr gekränkt habt, Genugthüung zu geben. Ich wünsche euch Glük, Mariane; liebet sie, Angelo, ich habe ihre Beichte gehört, und kenne ihre Tugend. Habe Dank, mein guter Freund Escalus, für deinen guten Willen, du sollt Ursache finden dich dessen zu erfreuen. Habe Dank, Kerkermeister, für deine Sorgfalt und Verschwiegenheit; wir werden dich in einem würdigern Plaz zu gebrauchen wissen. Vergebt ihm, Angelo, daß er euch Ragozins Kopf statt Claudios gebracht hat; die Beleidigung vergiebt sich von selbst. Und ihr, meine theure Isabella, wenn ihr ein williges Ohr zu der guten Gesinnung neiget, die ich für euch trage, so ist was mein ist euer, und was euer ist, mein; und hiemit führet uns in unsern Palast, wo wir euch deutlicher entdeken werden, was ihr alle zu wissen nöthig habt.

Maaß für Maaß, oder: Wie einer mißt, so wird ihm wieder gemessen, von William Shakespeare (Übersetzt von Christoph Martin Wieland).

www.ingramcontent.com/pod-product-compliance
Lightning Source LLC
Chambersburg PA
CBHW030614270326
41927CB00007B/1176